KONSTANZER UNIVERSITÄTSREDEN
HERAUSGEGEBEN VON GERHARD HESS

133

BRUNO PREILOWSKI

VERGLEICHENDE NEUROPSYCHOLOGIE: UNTERSUCHUNGEN ZUR GEHIRNASYMMETRIE BEI MENSCHEN UND AFFEN

BRUNO PREILOWSKI

VERGLEICHENDE NEUROPSYCHOLOGIE: UNTERSUCHUNGEN ZUR GEHIRNASYMMETRIE BEI MENSCHEN UND AFFEN

1985

UNIVERSITÄTSVERLAG KONSTANZ GMBH

ISBN 3 87940 270 1

Gesamtherstellung:
Universitäts-Druckerei Konstanz GmbH, Konstanz

INHALT

DANKSAGUNG

Ich möchte diese Schrift denen widmen, auf deren Geduld, Vertrauen und Hilfe ich immer zählen konnte: meinen Eltern, meiner Frau Myung-Sook und meinem Lehrer und Freund Roger Sperry. Da dieser Text auf einer Antrittsvorlesung basiert, die zugleich eine Abschiedsveranstaltung von der Universität Konstanz war, möge es mir an dieser Stelle außerdem gestattet sein, auch allen denen zu danken, die es ermöglicht haben, die Forschung durchzuführen, über die ich hier unter anderem berichte. Dank gebührt vor allem Herrn Professor Robert B. Freeman, Jr., als Leiter des Zweiges Physiologische Psychologie sowie meinen Kollegen in der Psychologie und vielen interessierten Studenten und Mitarbeitern, allen voran Herrn Klaus Hermann. Aber auch vielen Kollegen aus den unterschiedlichsten Fachrichtungen, die mir fachlichen und moralischen Beistand gewährten, sei gedankt. Schließlich sind bei dieser Danksagung die verschiedensten technischen Dienste und Verwaltungsabteilungen der Universität nicht zu vergessen, die ich oft mit Problemen ganz besonderer Art konfrontieren mußte. Danken möchte ich nicht zuletzt auch für die finanzielle Unterstützung, die ich von der Universität Konstanz und der Deutschen Forschungsgemeinschaft erhielt.

Bruno Preilowski

DAS ORGANISCHE SUBSTRAT DES VERHALTENS

Als sich in der Mitte des 17. Jahrhunderts das Interesse von den Hohlräumen des Gehirns auf dessen Substanz verlagerte, konzentrierte man sich vor allem auf den äußerlich auffallendsten Teil des Gehirns, auf das Endhirn oder Telencephalon, das beim Menschen die relativ größte Entwicklung erfahren hat (Abbildung 1).

Dieses Endhirn, wie auch das darunter verborgene Zwischenhirn, erscheint symmetrisch angelegt, aus zwei Hälften oder Hemisphären zusammengesetzt und jeweils, vereinfacht dargestellt, für eine Hälfte des Körpers zuständig. Die beiden Hemisphären des Endhirns wiederum kann man in die äußere, vorwiegend aus Nervenzellkörpern aufgebaute, graue Rinde und die innen liegende, aus gut isolierten Nervenfaserverbindungen bestehende, weiße Substanz unterteilen.

Die Hirnrinde, auch kurz »Kortex« genannt (von Cortex cerebri), die bei einer Ausdehnung von etwa einem viertel Quadratmeter und einer Dicke von ungefähr 2,5 Millimeter nach verschiedensten Schätzungen an die 10 Milliarden Zellen enthält, gilt bis heute als das wesentliche organische Substrat höherer geistiger Funktionen. Dabei darf natürlich nicht vergessen werden, daß diese Hervorhebung einer bestimmten Struktur und die Abgrenzung vom Rest des Gehirns nur eine aus der Not unserer Unwissenheit begründete Vereinfachung darstellt: Während Schädigungen in tieferen Hirngebieten schwieriger zu lokalisieren sind und oftmals zu massiven allgemeinen Beeinträchtigungen vieler Funktionen führen, zeigt sich bei Verletzungen, die weitgehendst auf den Kortex begrenzt sind, daß häufig lediglich ganz bestimmte Funktionen gestört, andere aber vollkommen intakt sind.

Die Frage, ob und wie Funktionen im Gehirn lokalisiert sind, kann noch nicht eindeutig beantwortet werden. Aber einige funktionelle Unterteilungen des Kortex haben sich doch als zumindest

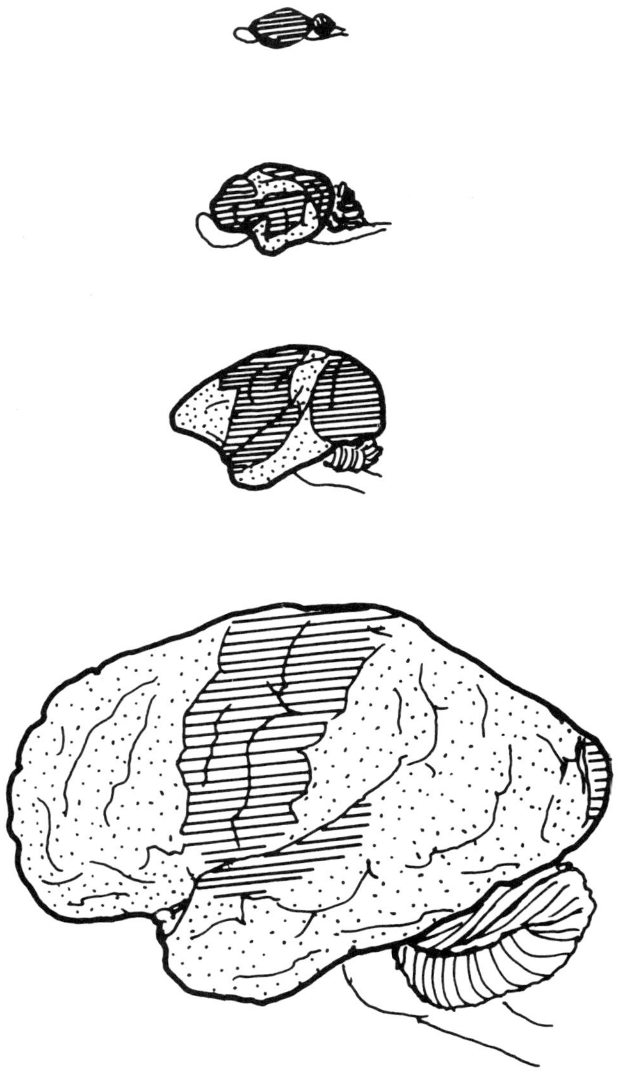

Abbildung 1 Seitliche Ansichten der Gehirne von Ratte, Katze, Altweltaffe und Mensch. Besonders auffällig ist die unterschiedliche Größe des Endhirns (dick umrandet) und ein unterschiedliches Verhältnis der Größe von sogenannten primären Projektionsbereichen (horizontal schraffiert) zu den als Assoziationsgebiete bezeichneten Teilen (punktiert) des zerebralen Kortex.

brauchbar erwiesen (Abbildung 2). So kann man zwischen Gebieten unterscheiden, deren Zerstörung zu relativ genau vorhersagbaren Ausfällen führt und solchen, deren Schädigung Konsequenzen hat, die weniger genau beziehungsweise überhaupt nicht voraussagbar sind.

Bei den ersteren handelt es sich um die sogenannten primären Projektionsgebiete der Sinnesmodalitäten und der Motorik, bei den letzteren um die um einiges größeren Assoziationsbereiche, deren Funktionen bis heute im wesentlichen ungeklärt sind. Aus einer Vielzahl von Tierexperimenten und klinischen Beobachtungen wissen wir bis jetzt lediglich, daß diese Assoziationsgebiete irgendwie für komplexere psychologische Funktionen, zum Beispiel die Integration von verschiedenen Sinnesempfindungen, die Bewegungsplanung, die räumliche Orientierung oder das Sprachverständnis, von Bedeutung sind.

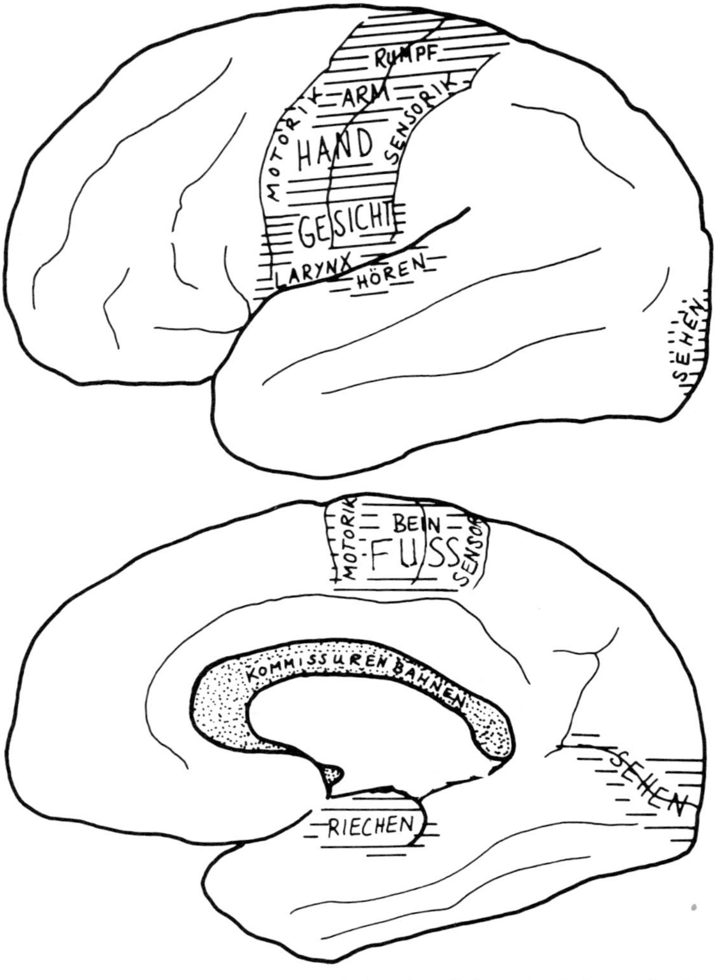

Abbildung 2 Laterale Ansicht der linken kortikalen Hemisphäre (oben) und mediale Sicht auf die Innenfläche der rechten Hemisphäre (unten) mit den primären Projektionsgebieten für Sensorik und Motorik (horizontal schraffiert). Die weißen Bereiche werden als Assoziationskortex bezeichnet. Die wesentlichen Nervenfaserverbindungen zwischen den beiden Endhirnhälften sind im Querschnitt (dicht gepunktet) dargestellt. Diese Kommissurenbahnen bestehen aus dem Corpus callosum, auch Balken genannt, und der vorderen Kommissur (weitere Kommissuren, zum Beispiel die hintere Kommissur und die hippokampale Kommissur, sind nicht dargestellt).

Noch bevor man um die Jahrhundertwende begonnen hatte, nach funktionellen Unterteilungen innerhalb der Hemisphären zu suchen, gab es schon Hinweise auf mögliche Unterschiede zwischen den beiden, nach außen hin symmetrisch erscheinenden, Hirnhälften, und zwar in ihrer physikalischen Beschaffenheit wie auch in funktioneller Hinsicht.

Die ersten Unterschiede in der Morphologie der Hemisphären glaubte man in minimalen Gewichtsdifferenzen beobachtet zu haben. Da aber bereits geringfügige Abweichungen von der exakten Mitte bei der Teilung des Gehirns Unterschiede im Gewicht ergeben können, die wesentlich größer sind als die beschriebenen Gewichtsdifferenzen von circa 2 bis 5 Gramm (bei einem durchschnittlichen Gesamtgewicht der präparierten Großhirnhemisphären von etwa 1000 Gramm), kann man die Bedeutung dieser zum Teil über 100 Jahre alten Arbeiten mit Recht anzweifeln. Anders sieht es mit den ebenfalls schon im 19. Jahrhundert beschriebenen Formunterschieden zwischen den beiden Hemisphären aus.

Betrachtet man das menschliche Gehirn von oben (Abbildung 3, dorsale Ansicht des Gehirns, wobei das Stirnhirn zur oberen Bildkante zeigt), so erkennt man eine Vielzahl von Unterschieden in den Furchen und Windungen der rechten und linken Gehirnoberfläche und auch in der Gesamtform der beiden Gehirnhälften. So fand man zum Beispiel im allgemeinen einen weiter vorspringenden Stirnlappen (frontale Petalie) bei der rechten Hemisphäre und einen etwas stärker hervorragenden Hinterhauptslappen (occipitale Petalie) auf der linken Seite. Beides trifft auch für das in Abbildung 3 dargestellte Gehirn zu.

Teilt man das Endhirn in der Mitte und betrachtet die beiden auf der Schnittfläche liegenden Hälften (Abbildung 4, laterale Ansicht der rechten und linken Hemisphäre), dann sieht man zum Beispiel

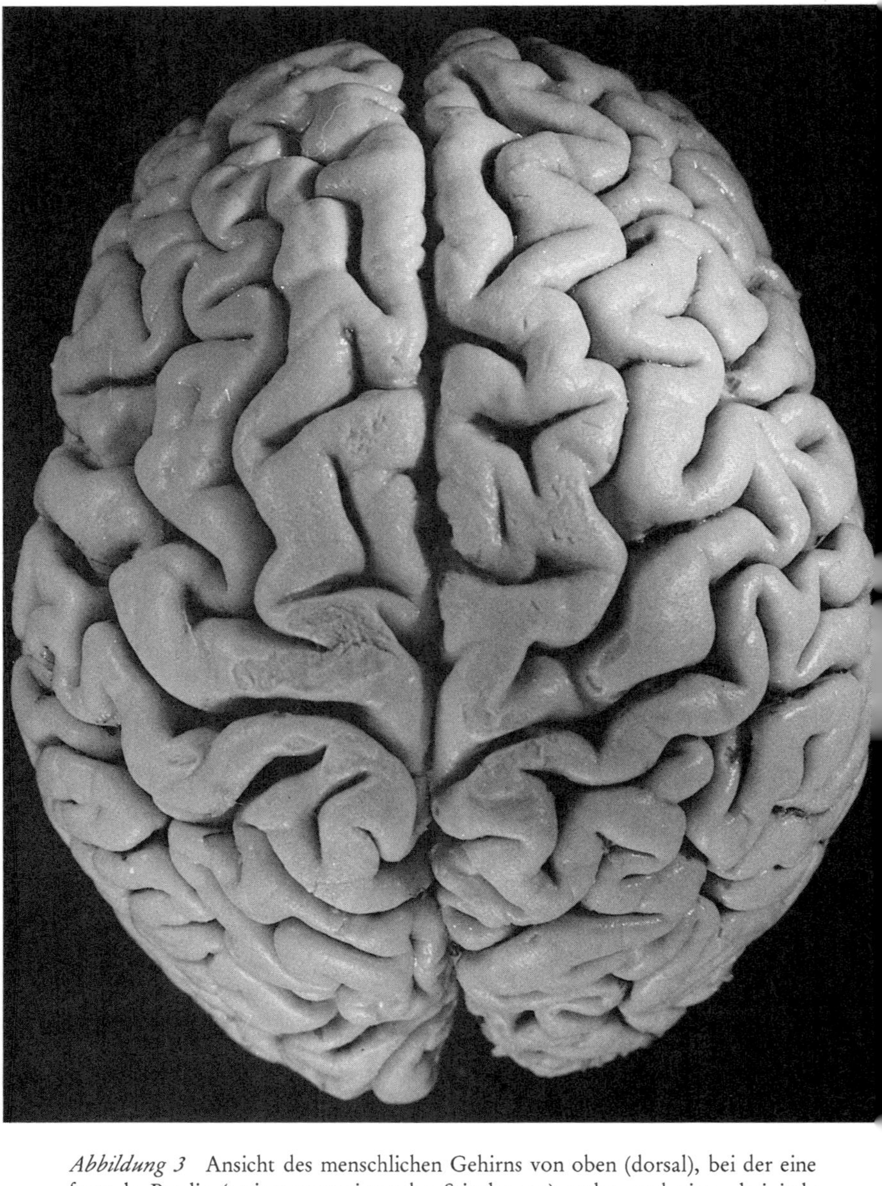

Abbildung 3 Ansicht des menschlichen Gehirns von oben (dorsal), bei der eine frontale Petalie (weiter vorspringender Stirnlappen) rechts und eine okzipitale Petalie (weiter vorragender Hinterhauptslappen) links erkennbar ist.

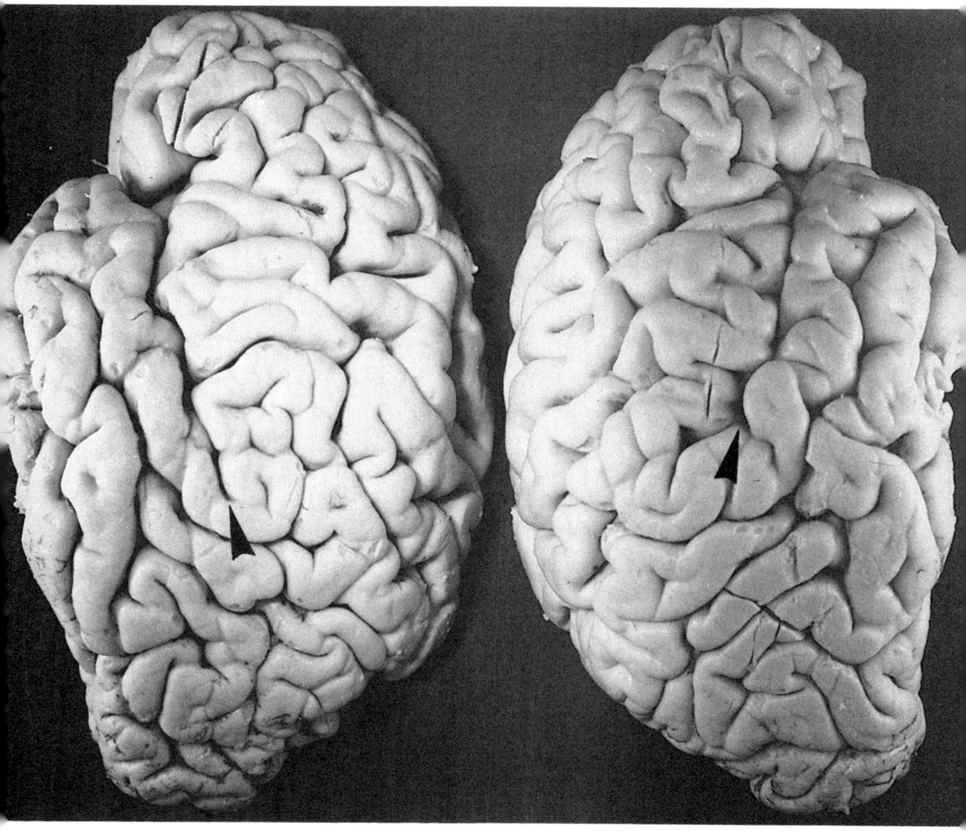

Abbildung 4 Bei den meisten menschlichen Gehirnen ist die linke Lateralfurche länger als die rechte. Das Ende der Lateralfurche ist auf der Abbildung jeweils durch einen Pfeil markiert.

eine längere Lateralfurche auf der linken Seite im Vergleich zur Lateralfurche der rechten Hemisphäre. (Das Ende der Lateralfurche ist auf der Abbildung jeweils durch einen Pfeil markiert.) Solche und andere ähnliche Asymmetrien fanden besondere Aufmerksamkeit, weil sie mit den ebenfalls um die Mitte des 19. Jahrhunderts zum ersten Mal beschriebenen Unterschieden in den Funktionen der Gehirnhälften in Zusammenhang gebracht werden

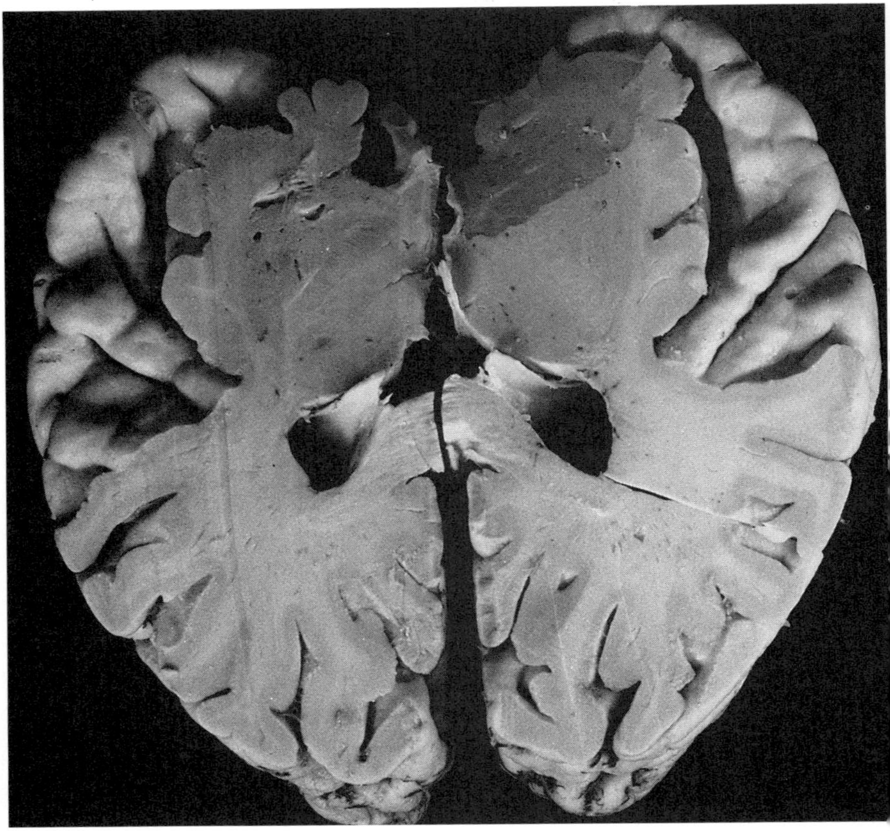

Abbildung 5 Nach einem Schnitt entlang der Lateralfurche erkennt man hinter der Heschlschen Querwindung auf der linken Seite eine größere Fläche (Planum temporale) als auf der rechten.

konnten. In ähnlicher Art und Weise entzündete sich fast genau 100 Jahre später das Interesse wiederum an den gleichen morphologischen Asymmetrien des Gehirns durch neuere Untersuchungen über funktionelle Gehirnasymmetrien. Neben einer Bestätigung der bereits erwähnten Formunterschiede und einiger zum Teil vergleichbarer Befunde bei verschiedenen Altwelt- und Menschenaffen (LeMay & Geschwind, 1975, 1981) konnte man insbe-

sondere im Bereich der Lateralfurche eine weitere interessante Asymmetrie nachweisen:
Schneidet man entlang der Lateralfurche über das Ende hinaus und betrachtet diesen Gehirnschnitt von oben (Abbildung 5), wobei die beiden Hemisphären wieder, wie in Abbildung 3, zusammengefügt werden, so blickt man auf einen etwas schräg verlaufenden Horizontalschnitt. Hier sind die in Abbildung 3 von oben sichtbaren Teile des Kortex entfernt, und es wird die Schnittfläche durch den Hinterhauptslappen des Gehirns sowie die davor liegende, intakte, zum Schläfenlappen gehörende und normalerweise nicht sichtbare untere Seitenwand der Lateralfurche erkennbar. Die Oberfläche dieser Seitenwand zeigt eine Windung, die sich von der Mitte her in einem Winkel von etwa 45 Grad nach vorn außen erstreckt. In dieser Windung befindet sich das primäre Projektionsgebiet für Hörreize. Die Fläche dahinter bis zum Ende der Lateralfurche (also bis zum Beginn der angeschnittenen Gehirnteile in Abbildung 5) ist das sogenannte Planum temporale. Wie durch die größere Länge der Furche bereits angedeutet, ist dieses Planum temporale auf der linken Seite größer als auf der rechten Seite (Geschwind & Levitsky, 1968.)
Man vermutet, daß diese Asymmetrie mit den Sprachfunktionen zu tun hat, die, wie wir noch genauer besprechen werden, in der linken Hemisphäre stärker ausgeprägt sind als in der rechten. Eine direkte funktionelle Beziehung zwischen morphologischen und funktionellen Asymmetrien konnte jedoch noch nicht nachgewiesen werden. Aufgrund des unterschiedlichen Umsatzes bestimmter, für den Haushalt der Gehirnzellen wichtiger Stoffe in verschiedenen Zuständen der Aktiviertheit kann man mit sehr aufwendigen und kostspieligen Meßmethoden ein aufschlußreiches Bild über die Arbeit des Gehirns bei der Ausführung bestimmter Aufgaben erhalten. Eine Verbesserung der räumlichen und vor allem auch zeitlichen Auflösung dieser Meßmethoden wird vielleicht bald die Untersuchung der genaueren Beziehung zwischen morphologischen und funktionellen Asymmetrien ermöglichen;

nicht nur die der Asymmetrien in der Lateralfurche, sondern vielleicht auch derer, wie zum Beispiel der in Abbildung 3 sichtbaren Asymmetrien im Scheitelbereich des Gehirns, die bisher keine wissenschaftliche Beachtung gefunden haben. In der Zwischenzeit und für diesen Vortrag beschränke ich mich auf die Darstellung und Diskussion von funktionellen Asymmetrien, die als Ergebnisse der »klassischen« Neuropsychologie den Bemühungen der Neuroanatomen zugrunde lagen.

Die ersten wissenschaftlichen Beobachtungen solcher funktionellen Unterschiede zwischen den beiden Gehirnhälften sind fast 200 Jahre alt.

So beobachtete um 1800 der französische Arzt Marc Dax Sprachausfälle bei Patienten mit einseitigen, und zwar linksseitigen, Verletzungen des Gehirns. Aber obwohl er um 1836, kurz vor seinem Tod, diese Asymmetrie mit 40 Fällen belegen konnte, war es Paul Broca, der 1861 mit nur zwei eigenen Fällen die Lokalisation der Sprache und 1865 mit einigen zusätzlichen Beobachtungen die Bedeutung der linken Gehirnhälfte und damit die laterale Zerebrale Asymmetrie in Fachkreisen wirklich bekannt machte (dies war übrigens im gleichen Jahr, in dem der Sohn von Marc Dax die wissenschaftliche Arbeit seines Vaters veröffentlichte [Dax, 1865]).

Noch heute bildet die Beschreibung von Ausfällen und Störungen nach einseitigen Gehirnverletzungen das Fundament unseres Wissens über die funktionellen Asymmetrien des Gehirns. Dies ist vor allem auf die sehr intensive neuropsychologische Untersuchung von Hirnverletzten zweier Weltkriege – bis hin zu den Veteranen des Korea- und Vietnamkrieges – zurückzuführen.

Die wesentlichen Ergebnisse kann man in einer Art Kortexkarte darstellen, wobei wiederum die sicher wichtige, aber weitgehendst unbekannte Beteiligung anderer Gehirnstrukturen unberücksichtigt bleibt (Abbildung 6).

Zusammenfassend kann man sagen, daß die linkshemisphärischen Funktionen überwiegend sprachlicher Natur sind und die rechts-

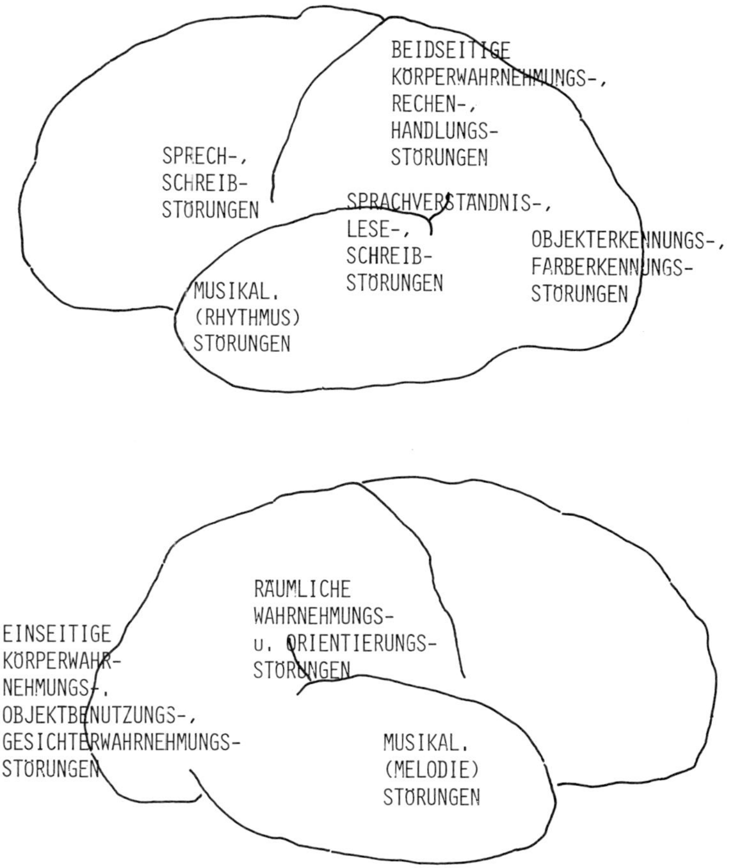

Abbildung 6 Stark vereinfachte, schematische Darstellung der verschiedenen neuropsychologischen Funktionsstörungen nach links- und rechtshemisphärischen Verletzungen der Großhirnrinde.

hemisphärischen eher mit räumlichen Wahrnehmungsprozessen in Verbindung gebracht werden können.[1]

Ich möchte nun im Folgenden anhand einiger weniger Beispiele beschreiben, wie das klinische Bild von der Gehirnasymmetrie

durch neuere Forschungsergebnisse ergänzt wird und wie sich aufgrund dieser Ergebnisse der Verdacht erhärtet, daß nicht einzelne, isoliert in den Hemisphären lokalisierte Funktionen das Wesentliche der Zerebralen Asymmetrie ausmachen, sondern daß diese Asymmetrie auch, vielleicht sogar ausschließlich, in grundlegenden Unterschieden zwischen den Aufnahme- und Verarbeitungsstrategien der beiden Hemisphären begründet ist.
Sich allein auf Beobachtungen aus der neuropsychologischen Klinik zu beschränken, um über das normale Funktionieren des Gehirns etwas zu erfahren, ist unbefriedigend. Wie bereits angedeutet, ist es außerordentlich problematisch, vom Verlust einer Funktion nach der Zerstörung bestimmter Hirnteile auf die Lokalisation dieser Funktion im betroffenen Bereich zu schließen. Wie aber kann man funktionelle Asymmetrien auch im Gehirn gesunder Menschen untersuchen?

Untersuchungen zur Zerebralen Asymmetrie bei gesunden Personen

Um bei normalen Personen funktionelle Unterschiede zwischen den Gehirnhälften nachweisen zu können, müssen die Aufgaben lateralisiert, das heißt nur einer Hemisphäre dargeboten werden können, und natürlich muß es auch möglich sein, die beobachtbare, meßbare Leistung bei der Bearbeitung der Aufgabe nur einer bestimmten Hemisphäre zuzuordnen. Beides ist bei gesunden Personen nur in beschränktem Maße und nur unter Ausnutzung bestimmter anatomischer Gegebenheiten möglich.
Abbildung 7 zeigt schematisch den Aufbau der Sehbahn im Gehirn. Von einem ganz besonderen Interesse ist dabei die getrennte Projektion von den jeweils rechten und linken Netzhauthälften der Augen und damit der visuellen Gesichtsfeldhälften, also des rechts und links vom Fixationspunkt Gesehenen, zu den beiden Gehirnhälften.

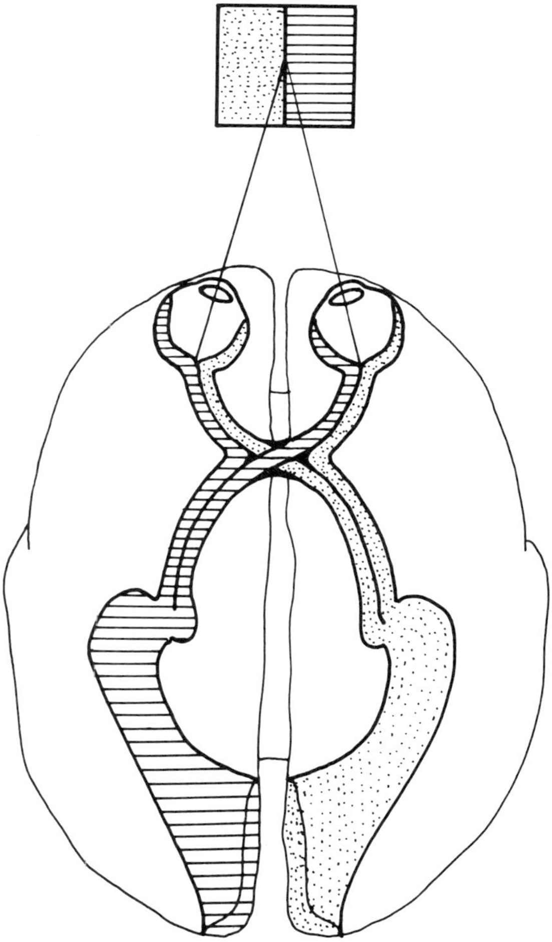

Abbildung 7 Vereinfachte, schematische Darstellung des Verlaufs der Sehbahn im Gehirn. Die Verbindungen der temporalen (äußeren) Retinahälften mit dem Zwischenhirn und Endhirn verlaufen ipsilateral (gleichseitig), während die Informationen aus den nasalen (inneren) Retinahälften über Nervenfasern, die im Chiasma opticum kreuzen, in die jeweils kontralaterale (gegenüberliegende) Hemisphäre gelangen. Somit wird die linke Gesichtsfeldhälfte, das heißt das, was links vom Fixationspunkt gesehen wird (hier gepunktet), in die rechte Hemisphäre und die rechte Gesichtsfeldhälfte (hier horizontal schraffiert) in die linke Gehirnhälfte projiziert. Bestimmte Bereiche des visuellen Kortex, vor allem aber die dem primären visuellen Projektionsgebiet benachbarten Bereiche beider Gehirnhälften stehen über Kommissurenbahnen miteinander in Verbindung.

Dieser Verlauf der Sehbahn führt dazu, daß ein visueller Reiz, der so kurzfristig in eine der Gesichtsfeldhälften projiziert wird, daß er nicht durch eine Blickbewegung fixiert werden kann, vorerst nur von einer Hemisphäre wahrgenommen wird. Da jedoch beide Hemisphären durch sogenannte Kommissurenbahnen miteinander verbunden sind, kann die Zeitdauer und das Ausmaß dieser Lateralisierung nicht genau abgeschätzt werden. Rückschlüsse auf unterschiedliche Funktionen der Hemisphären lassen sich nur aus Unterschieden in den Reaktionszeiten und der Qualität zwischen den Reaktionen auf Darbietungen in das rechte und in das linke Gesichtsfeld ziehen.[2]

Die Ergebnisse, die mit dieser sogenannten lateralisierten tachistoskopischen Darbietung erhalten werden, entsprechen weitgehend den aufgrund klinischer Daten bestehenden Erwartungen: Sprachliches und sprachverwandtes Material wird besser und schneller im rechten als im linken Gesichtsfeld erkannt (Heron, 1957), wohingegen räumliche Darstellungen (Kimura, 1969) oder komplexe, schwer zu verbalisierende Gebilde, zum Beispiel auch Gesichter (Hilliard, 1973), besser im linken visuellen Feld erkannt werden. Ähnliches gilt für die Genauigkeit, mit der lateralisiert dargebotene Aufgaben von den beiden Gehirnhälften gelöst werden.

In die gleiche Richtung deuten die Ergebnisse bei der Verwendung von akustischen Reizmaterialien. Bei Hörexperimenten wendet man ebenfalls einen besonderen experimentellen Trick an, da durch die mehrfache anatomische Verschaltung der beiden Ohren mit jeder der Hemisphären eine Beschränkung des mit einem Ohr Gehörten auf nur eine Hemisphäre von vornherein unmöglich ist. Man verwendet hier den sogenannten dichotischen Test, der zur Bestimmung der auditiven Verarbeitungskapazität entwickelt wurde.[3] Bei diesem Verfahren werden den beiden Ohren über Stereokopfhörer gleichzeitig unterschiedliche Informationen dargeboten. Da wir nur eine begrenzte Aufnahmefähigkeit besitzen, wird gewöhnlich jeweils nur eine der simultan angebotenen Informationen richtig wiedergegeben. Bei sprachlichem Material fand man nun, daß vor allem die mit dem rechten Ohr gehörten Informationen richtig wiedergegeben werden konnten, die dem linken Ohr dargebotenen Reize dagegen häufiger falsch oder überhaupt nicht (Kimura, 1961). Bei Tonfolgen oder musikalischen Akkorden war es umgekehrt. Hier wurden die dem linken Ohr zugespielten Reize häufiger und genauer wiedergegeben oder wiedererkannt als die mit dem rechten Ohr gehörten (Kimura, 1964).

Da die kreuzenden Verbindungen von den Ohren zu den Gehirnhälften anatomisch stärker ausgebildet zu sein scheinen als die nicht kreuzenden, schließt man von der oben beschriebenen besseren Leistung eines Ohres auf eine zugrundeliegende Dominanz der jeweils gegenüberliegenden Hemisphäre, also der linken Hemisphäre für Sprachreize und der rechten Hemisphäre für komplexe musikalische Reize. Ein Schluß, der sicher durch die klare Dekkung mit den klinischen Daten erleichtert wird. Man muß nämlich hinzufügen, daß die beobachteten Unterschiede im dichotischen Test relativ gering sind. Häufig ergeben sich nur zwischen den mittleren Werten von Messungen an größeren Versuchspersonengruppen signifikante Differenzen, und hier manchmal auch nur nach Ausschluß der weiblichen Versuchspersonen, deren Testergebnisse oftmals keine Unterschiede zwischen den beiden Gehirnhälften aufzeigen.[4]

Im großen und ganzen kann man sagen, daß die Untersuchungen mit gesunden Versuchspersonen das klinische Bild der Gehirnasymmetrie bestätigen. Dennoch ist eine Verallgemeinerung der Befunde nur eingeschränkt möglich. Wir haben in Experimenten mit normalen Versuchspersonen – wie auch bei der Untersuchung von Patienten mit einseitigen Hirnverletzungen – keine Möglichkeit, das Niveau der links- und rechtshemisphärischen Leistungen und damit das Ausmaß der Zerebralen Asymmetrie genauer zu bestimmen. Da nämlich beide Hemisphären durch die circa 200 Millionen Nervenfasern der Kommissurenbahnen direkt miteinander verbunden sind, wissen wir nicht, inwieweit eine

Gehirnhälfte durch die andere bei der Aufgabenlösung behindert oder unterstützt wird. Obwohl es sinnvoll erscheint anzunehmen, daß zwei unterschiedlich spezialisierte Hemisphären nicht nur Informationen austauschen, sondern sich auch bei der Bewältigung von Aufgaben gegenseitig unterstützen, gibt es noch keine überzeugenden Hinweise auf eine direkte positive Interaktion zwischen den Gehirnhälften. Daß aber eine negative Interaktion zwischen den Hemisphären stattfinden kann, dafür sprechen eine Reihe von experimentellen Beobachtungen: Zum Beispiel erschwert das Sprechen eine gleichzeitig durchzuführende räumliche Zeichenaufgabe (Edwards, 1976). Auch aus der Klinik gibt es Befunde, die darauf hindeuten, daß eine einseitige Erkrankung des Gehirns auch die Funktionen der gesunden Hirnhälfte mit beeinflußt: Zum Beispiel wurde eine Verbesserung des verbalen Gedächtnisses und des Gesamtintelligenzquotienten gefunden, nachdem aus der rechten Hemisphäre Gewebe entfernt worden war, das als Ausgangspunkt für epileptische Krampfanfälle diagnostiziert wurde. Sogar nach der Entfernung einer gesamten erkrankten Großhirnhälfte kann eine allgemeine Verbesserung der geistigen und körperlichen Verfassung eines Patienten beobachtet werden (Smith, 1972).

Untersuchungen mit »Split-brain-Patienten«

Der direkte Vergleich hemisphärischer Funktionen bei ein und derselben Person war erst möglich durch Untersuchungen mit sogenannten »Split-brain-Patienten«, bei denen als letztes Mittel zur Eindämmung von epileptischen Krampfanfällen die Kommissurenbahnen zwischen den beiden Hemisphären durchtrennt wurden (Abbildung 8) (Bogen, Sperry & Vogel, 1969).

Bei diesen Patienten kann man mit Hilfe der oben erwähnten Methoden die Leistungen jeweils nur der einen oder anderen Gehirnhälfte testen. Daß dabei die eine Hemisphäre nicht weiß,

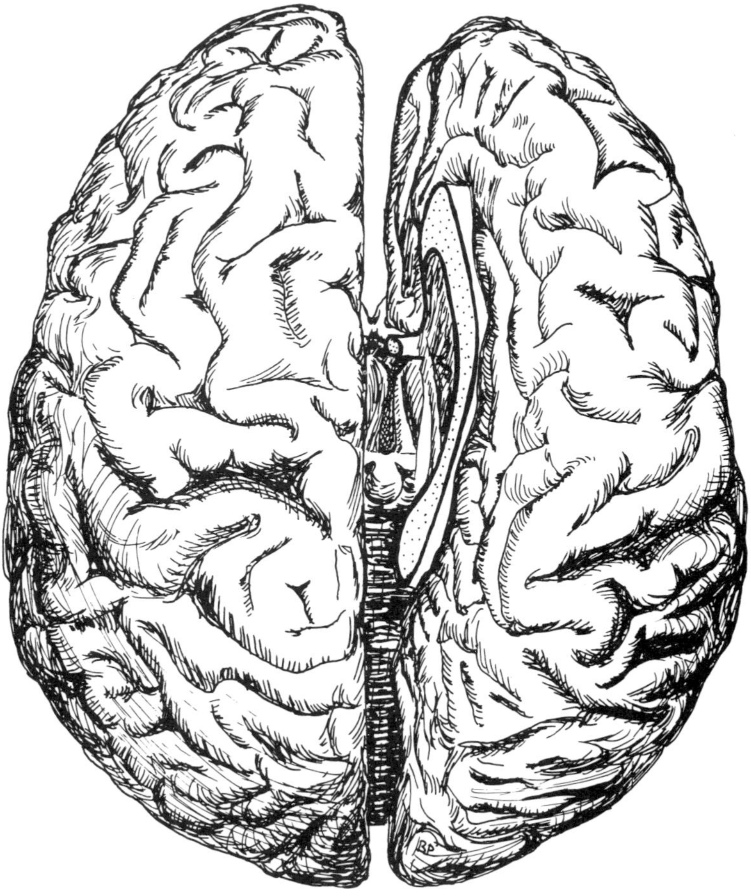

Abbildung 8 Halbschematische Darstellung eines Gehirns (von oben gesehen) nach der Durchtrennung der vorderen Kommissur und des Balkens (gepunktet) und einer seitlichen Verschiebung der rechten Hemisphäre, wodurch die darunterliegenden Strukturen des Zwischen- und Mittelhirns sichtbar werden.

was die andere tut, zeigt sich zum Beispiel darin, daß ein mit nur einer Hand gefühlter Gegenstand mit der anderen Hand aus einer Reihe von anderen Gegenständen nicht wieder herausgefunden werden kann. Ferner wird ein im linken visuellen Feld gezeigtes Objekt nur mit der linken Hand wiedergefunden, also mit der

Hand, deren somato-sensorische Information nur zu der Hemisphäre gelangt, die den Gegenstand gesehen hat.
Die Trennung in zwei Sphären des Bewußtseins zeigt sich auch bei der sprachlichen Benennung von lateralisierter Information. Wird zum Beispiel gleichzeitig der Buchstabe »B« ins linke und der Buchstabe »R« in das rechte Gesichtsfeld projiziert und der Patient aufgefordert, mit der linken Hand herauszusuchen, was er gesehen hat, so wählt er den Buchstaben »B«. Soll er nun benennen, was er in der Hand hält, so ist die Antwort »R«. Beide Reaktionen entsprechen also der Information, die der jeweils für die linke Hand oder für die Sprache zuständigen Gehirnhälfte zur Verfügung steht (Abbildung 9).
Im großen und ganzen konnten in den Untersuchungen mit »Split-brain-Patienten« die bessere Leistung der linken Hemisphäre bei sprachverwandten Aufgaben sowie beim Rechnen und die der rechten Hemisphäre bei räumlichen Aufgaben bestätigt werden. Aber – und darin liegt die eigentliche Bedeutung der »Split-brain-Forschung« – durch die getrennte Untersuchung beider Großhirnhälften konnten auch in der rechten Gehirnhälfte »linkshemisphärische« Funktionen in einem größeren Ausmaß als ursprünglich angenommen demonstriert werden. Dazu gehören Benennungen oder Zuordnungen von Hauptwörtern und Adjektiven zu Bildern und Gegenständen sowie die Fähigkeiten, zusammengehörende Gegenstände zu gruppieren oder Bilder nach Begriffen zu kategorisieren. Unter Verwendung von adäquaten Tests konnte für die rechte Hemisphäre die Fähigkeit, einfache Rechenaufgaben zu lösen, ebenso nachgewiesen werden wie die Tatsache, daß auf bestimmte Reize (zum Beispiel unterschiedlich angenehme beziehungsweise unangenehme Gerüche, sich »glibberig« anfühlende Gegenstände oder erotische Fotos) mit typisch menschlichen emotionalen Verhaltensweisen reagiert wurde, obwohl in keinem Fall eine korrekte verbale Beschreibung der Ursache gegeben werden konnte. Die auf Befragen von der linken Hemisphäre gelieferten Erklärungen waren jedoch nicht vollständig aus der Luft gegriffen.

Vielmehr schienen die von der rechten Hemisphäre ausgelösten Reaktionen von der linken wahrgenommen und interpretiert zu werden. Bei der Darbietung des Geruchs fauler Eier durch das rechte Nasenloch zum Beispiel verzog der Patient das Gesicht und antwortete auf die Frage, was er gerochen habe, zuerst zögernd »Wasser«, dann unter anhaltenden Grimassen »Dreck«.[5]

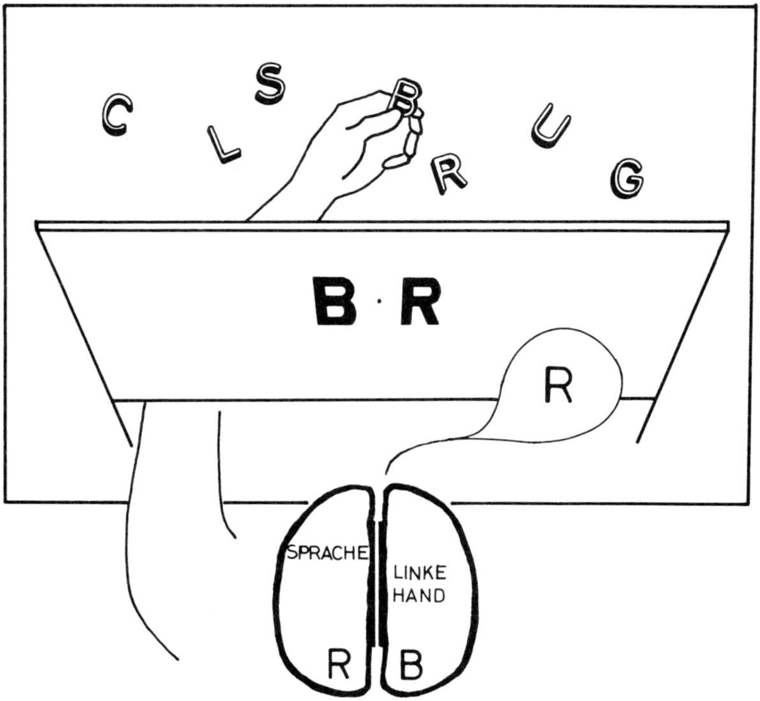

Abbildung 9 Werden einem »Split-brain-Patienten« jeweils rechts und links von einem Fixationspunkt unterschiedliche Bilder kurzfristig dargeboten, dann gelangen diese Informationen in unterschiedliche Gehirnhälften: Die sprechende, linke Hemisphäre weiß nur von dem in der rechten Gesichtsfeldhälfte Gesehenen, die rechte Hemisphäre nur von dem in die linke Gesichtsfeldhälfte Dargebotenen. Auf die Frage, was gesehen wurde, antwortet der Patient daher mit »R«. Nach Aufforderung, das Gesehene mit der linken Hand aus einer Auswahl von Gegenständen (ohne Sicht) herauszufühlen, wählt er das »B«. (Nach Sperry & Preilowski, 1972, S. 923)

Auch für die linke Hemisphäre lassen sich Fähigkeiten nachweisen, die aus der neuropsychologischen Erfahrung als typisch »rechtshemisphärisch« bezeichnet werden, wie zum Beispiel das Erkennen von Gesichtern. Hierzu liefert ein Test mit sogenannten »Chimären« interessante Ergebnisse (Levy, Trevarthen & Sperry, 1972). Die Verwendung von Chimären beruht auf der klinischen Erfahrung mit Patienten, die nach einer Verletzung des hinteren Teils einer Gehirnhälfte in der dazugehörenden, gegenüberliegenden Gesichtsfeldhälfte (zumindest kortikal) erblindet sind (homonyme Hemianopsie). Vor allem nach einer Verletzung der rechten Gehirnhälfte bemerken die Patienten das Fehlen der einen Gesichtsfeldhälfte überhaupt nicht. Sie scheinen die fehlende Hälfte zu ergänzen, ja man könnte sagen zu halluzinieren (Poppelreuter, 1917). Wenn überhaupt, so erlangen einige Patienten erst nach längerer Zeit die Fähigkeit wieder, die Abnormalität des Wahrgenommenen zu erkennen und bis zu einem gewissen Grad durch verändertes Blickverhalten zu kompensieren. Es lassen sich hierfür berühmte Beispiele, so die Maler Lovis Corinth und Anton Räderscheidt, anführen. Räderscheidt, der nach einem rechtsseitigen Schlaganfall fortgesetzt und mit intensiver Unterstützung seiner Frau ein Selbstporträt nach dem anderen versuchte, zeigte selbst nach einigen Monaten noch deutliche Zeichen einer einseitigen Vernachlässigung der linken Gesichtsfeldhälfte (Jung, 1974). Ähnliches läßt sich in einigen Bildern zeigen, die Corinth nach 1912 anfertigte (Jung, 1975). Als sehr typisches Beispiel kann das Selbstporträt eines Architekten und Zeichners gelten (Abbildung 10), das mir von einem japanischen Kollegen zugeschickt wurde.

Wenn man nun einem »Split-brain-Patienten« jeweils eine Hälfte eines visuellen Musters so darbietet, daß der halbierende Schnitt auf dem Fixationspunkt zu liegen kommt, so sieht er ebenfalls ein komplettes Muster. Wie der Patient, der in einer Gehirnhälfte blind ist, ohne es zu bemerken, so ist jede der voneinander getrennten Hemisphären des »Split-brain-Patienten« sich des Ver-

Abbildung 10 Selbstbildnis eines japanischen Architekten und Künstlers nach einem rechtsseitigen Schlaganfall.

lustes der visuellen Information aus der jeweils anderen Gehirnhälfte nicht bewußt. Nimmt man nun zwei unterschiedliche Hälften und bietet sie in der eben genannten Weise rechts und links vom Fixationspunkt dar, so sieht er im gleichen Raum zwei verschiedene Dinge: Mit der rechten Gehirnhälfte die linke Hälfte des Musters und deren Ergänzung und mit der linken Hemisphäre die rechte Hälfte des Musters und ihre Ergänzung (Abbildung 11). Bei der kurzzeitigen Darbietung von zwei unterschiedlichen

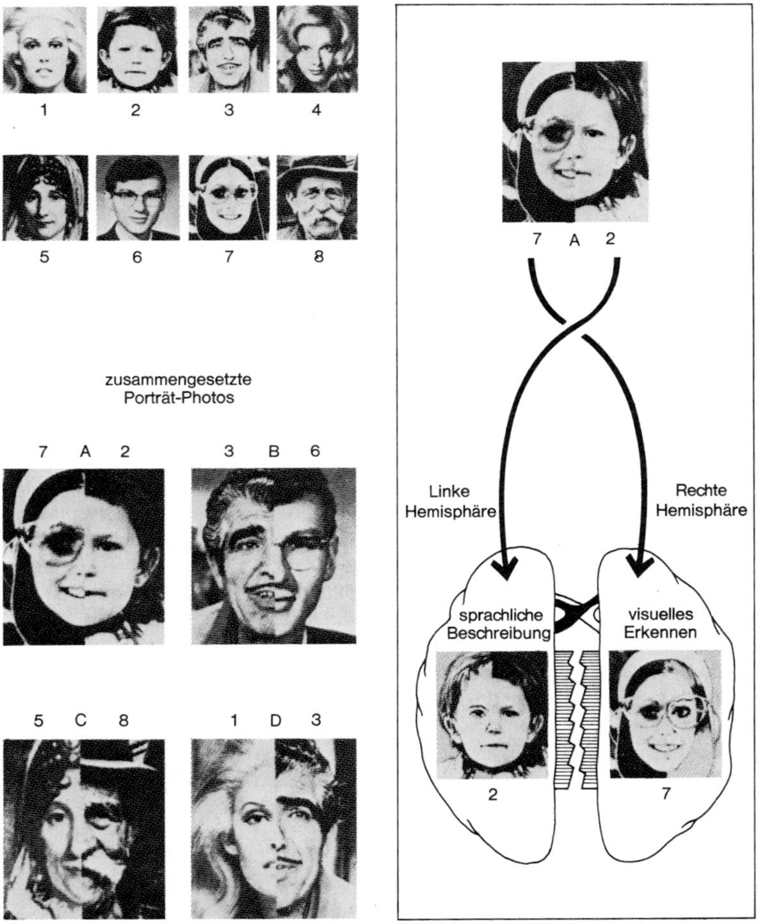

Abbildung 11 Chimärentest (Levy, Trevarthen & Sperry, 1972), bei dem »Split-brain-Patienten« gleichzeitig verschiedenartige visuelle Informationen in beide Hemisphären projiziert werden. Zwei unterschiedliche Bildhälften werden jeweils so dargeboten, daß der Schnitt zwischen den Hälften genau auf den Fixationspunkt fällt. Jede Hemisphäre sieht nur eine Hälfte, wobei die andere Hälfte scheinbar ergänzt wird, denn den Patienten fällt das Chimärenhafte des Dargebotenen nicht auf. Je nach Aufgabe kann der Patient sowohl das mit der rechten als auch das mit der linken Hemisphäre gesehene Halbbild auf einer Karte mit den vollständigen Bildern wiedererkennen. (Nach Sperry & Preilowski, 1972, S. 926)

Gesichtshälften zeigt sich nun die schon oben erwähnte Dominanz der rechten Hemisphäre insofern, als beim Aufzeigen des Gesehenen auf einer Tafel mit den verschiedensten Gesichtern zu neunzig Prozent zuerst das im linken Gesichtsfeld gesehene Bild beziehungsweise die linke Hälfte des Dargebotenen identifiziert wird, also die Dame mit Brille (Abbildung 11). Wird dagegen eine verbale Beschreibung des Gesehenen verlangt, so wird das zur rechten Hälfte gehörende Bild beschrieben (Levy, Trevarthen & Sperry, 1972) – in unserem Beispiel ein kleines Kind. Beide Gehirnhälften können also Gesichter erkennen. Zusätzliche Versuche deuten an, daß beide Gehirnhälften dabei unterschiedliche Strategien verwenden. Während die rechte Hemisphäre das Gesicht als Ganzes erfassen und wiedererkennen kann, benötigt die linke Hemisphäre häufig markante Einzelheiten, wie zum Beispiel einen Bart, eine Brille, abstehende Ohren und so weiter.

Insgesamt ergibt sich nun eine alternative Erklärung der Dominanz der beiden Gehirnhälften für unterschiedliche Aufgaben. Nämlich die, daß die verschiedenen Fähigkeiten der rechten und linken Hemisphäre auf unterschiedliche Arbeitsprinzipien zurückzuführen sind. Zur Erläuterung sei ein weiteres Beispiel angeführt.

Bei taktil-visuellen Vergleichen, die räumliches Vorstellungsvermögen voraussetzen, erzielt gewöhnlich die rechte Hemisphäre bessere Leistungen. Muß zum Beispiel ein Gegenstand, der nur mit einer Hand gefühlt wurde, als zweidimensionales Abwickelmuster wiedererkannt werden (Abbildung 12), so zeigen »Splitbrain-Patienten« bessere Leistungen, wenn sie den Gegenstand vorher mit der linken Hand fühlten. Aber auch nach dem Fühlen mit der rechten Hand ergeben sich recht gute Leistungen, vor allem dann, wenn sich das gefühlte Objekt durch einen markanten Punkt auszeichnet.[6]

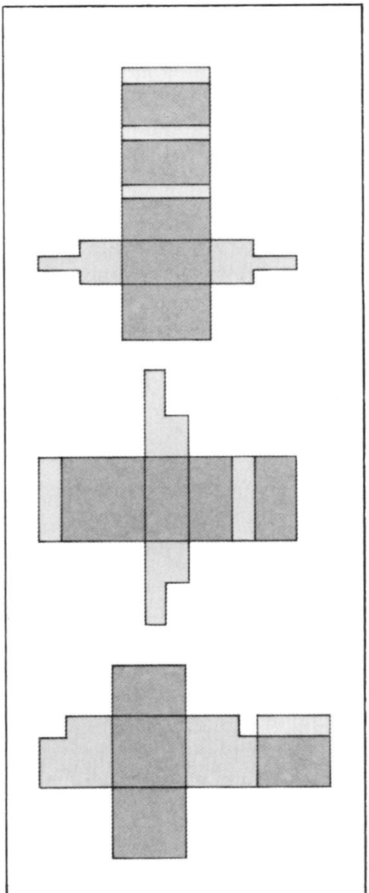

Abbildung 12 Beispiel einer Aufgabe, bei der räumliches Vorstellungsvermögen eine große Rolle spielt. Es wird dabei ein Objekt (oben) mit einer Hand nur gefühlt, und danach muß aus einer Auswahl von Seitenflächenplänen (rechts) der zum Objekt gehörende ausgewählt werden.
Gewöhnlich sind die Leistungen besser, wenn das Objekt mit der linken Hand gefühlt wird (das bedeutet nach Wahrnehmung mit der rechten Hemisphäre). Wenn die Aufgabe auch dadurch gelöst werden kann, daß nur ein bestimmtes markantes Merkmal des Objekts in den Plänen wiedererkannt wird, dann ergeben sich häufig auch bessere Leistungen mit der linken Hemisphäre. (Nach Sperry & Preilowski, 1972, S. 927)

Zerebrale Asymmetrie: Mehr als Dichotomie

Wenn wir nun wieder auf das Schema der Gehirnfunktionen zurückkommen, das aus den klinischen Beobachtungen von Patienten mit rechts- oder linksseitigen Hirnschäden entwickelt worden war (Abbildung 6), so ergibt sich aus dem bisher Beschriebenen sowohl eine Bestätigung als auch die Notwendigkeit einer Ergänzung durch die Charakterisierung der verschiedenen Funktionsweisen beider Hemisphären. Ob allein in diesem unterschiedlichen Funktionieren die Ursache für die laterale Zerebrale Asymmetrie zu sehen ist, also eigentlich symmetrisch angelegte Prozesse nur durch andersartige Verarbeitungsstrategien den Anschein von speziellen Funktionen in der rechten und linken Gehirnhälfte ergeben, kann noch nicht mit Bestimmtheit gesagt werden. Im Augenblick erscheint es mir noch verfrüht, so zu tun, als ob sich das gesamte Phänomen der Zerebralen Asymmetrie durch unterschiedliche Funktionsweisen der beiden Hemisphären, zum Beispiel einer sequentiell analytischen der linken und einer ganzheitlichen, synthetischen der rechten, erklären ließe. Denn es ist fraglich, ob sich jede der beiden Gehirnhälften durch eine einzige, einheitliche Bezeichnung charakterisieren läßt, beide Hemisphären also durch Gegenüberstellung dichotomer Eigenschaften vollständig zu beschreiben sind. Solche Gegenüberstellungen existieren schon seit langem (Tabelle 1).

Tabelle 1: Dichotome Charakterisierungen der linken und rechten Gehirnfunktionen

Linkshemisphärisch	Rechtshemisphärisch
Expressiv	Rezeptiv
Aktiv	Passiv
Verbal	Visuell-räumlich
Logisch	Kreativ
Rational	Emotional
Propositional	Appositionell
Analytisch	Synthetisch
Fokussiert	Diffus
Sequentiell	Parallel
Bewußt	Unbewußt
Intellektuell	Intuitiv
Digital	Analog

Sie erscheinen uns, die wir – offensichtlich mehr als uns vielleicht bewußt ist – gelernt haben, in einfachen Gegensätzen zu denken, außerordentlich plausibel. Die Vertreter eines Isomorphismus, also der Überzeugung, daß jeder phänomenologischen Dimension eine entsprechende physikalische Dimension im Gehirn zugeordnet ist, mögen hierin eine Bestätigung eines Zusammenhanges zwischen phänomenologischer und morphologischer Dualität sehen. Auf der anderen Seite könnte diese zur Zeit überwiegende und vor allem in der populärwissenschaftlichen Literatur zur Tatsache erhobene Hypothese uns aber auch sehr leicht den Weg zu einem besseren Verständnis der Zusammenhänge zwischen Gehirn und Verhalten verstellen. Wenn man Gehirnfunktionen als biologische Funktionen betrachtet, also auch das Phänomen der Zerebralen Asymmetrie als eine allgemeine Möglichkeit der Gehirnspezialisierung ansieht, dann muß man sich von allen Vorstellungen frei machen, die zu einer unwissenschaftlichen Einengung der Erklärungs- beziehungsweise Verständnismöglichkeiten führen.

Ein möglicher Weg der Gehirn- und Verhaltensforschung, zu einem allgemeineren, biologischen Verständnis von solchen Phänomenen wie der Gehirnasymmetrie zu gelangen, ist der Tierversuch.

GIBT ES EINE ZEREBRALE ASYMMETRIE BEI AFFEN?

Um ein Beispiel eines tierexperimentellen Ansatzes zur Erforschung der Gehirnasymmetrie zu geben, möchte ich nun im zweiten Teil meines Vortrags auf unsere Untersuchungen mit Rhesusaffen zu sprechen kommen. Dies erscheint auch schon deshalb sinnvoll, weil diese Arbeiten den Großteil meiner Forschungsbemühungen an der Universität Konstanz ausgemacht haben und anläßlich dieser Abschiedsvorlesung nicht unerwähnt bleiben sollten.
Ausgangspunkt dieses Forschungsprogramms waren eine ganze Reihe von ungeklärten Problemen, die in Experimenten mit den schon oben erwähnten »Split-brain-Patienten«, deren motorisches Verhalten ich seit 1970 untersuchen konnte, aufgetaucht waren. Hierbei ging es vor allem um die Frage, wie es Patienten nach dem Verlust der Nervenfaserverbindungen zwischen den Gehirnhälften überhaupt noch fertigbringen, beide Extremitäten zu koordinieren.
Tatsächlich können die »Split-brain-Patienten« komplexe Bewegungsabläufe, wie das Binden der Schnürsenkel oder das Auf- und Zuknöpfen von Kleidungsstücken, einwandfrei ausführen. Im Gegensatz zu diesen über viele Jahre hinweg eingeübten Handlungen, die von der Durchtrennung der Kommissurenbahnen nicht beeinträchtigt werden, bereiten ihnen neue Bewegungsabläufe, bei denen die Aktionen beider Hände in direkter zeitlicher Abhängigkeit voneinander gesteuert werden müssen, große Schwierigkeiten. Patienten, bei denen nur die vorderen zwei Drittel des Balkens durchtrennt worden sind, erbringen etwas bessere Leistungen. Aber im Vergleich mit normalen Versuchspersonen, die nach einiger Zeit ihre Hände im wahrsten Sinne des Wortes blind koordinieren können, bleiben diese Patienten auf einer niedrigeren Stufe des motorischen Lernens, auf der die Koordination beider

Hände visuell gesteuert werden muß (Preilowski, 1972, 1975, 1977). Im Tierversuch sollte nun die Rolle der Neokommissuren bei der Koordination der Hände sowie bei der Lernübertragung zwischen den Händen genauer untersucht werden.

In diesem Zusammenhang stellte sich natürlich auch die Frage nach der Bedeutung der Händigkeit für die Koordination von Bewegungen und damit auch nach der Beziehung zwischen der Händigkeit als der wohl offensichtlichsten Form einer Verhaltensasymmetrie beim Menschen und den übrigen, oben erwähnten Phänomenen der Zerebralen Asymmetrie. Trotz einer Fülle von Informationen, die sich über viele Jahre hinweg zum Thema Händigkeit angesammelt hat, gibt es auf viele Fragen nur sehr unbefriedigende oder überhaupt keine Antworten. Zum Beispiel können wir noch nicht einmal entscheiden, ob die bevorzugte Benutzung einer Hand auch eine größere Leistungsfähigkeit dieser Hand anzeigt, ob die Händigkeit als ein Ausdruck einer Asymmetrie des Gehirns mit anderen, zum Beispiel den bereits diskutierten, Gehirnasymmetrien vergleichbar ist und in welchem Zusammenhang sie mit diesen steht. Insbesondere wäre es wichtig zu wissen, ob es einen Zusammenhang zwischen Händigkeit und Sprache gibt oder zwischen der Entwicklung von Händigkeit und der Entwicklung von kognitiven Funktionen allgemein oder solchen Fähigkeiten wie zum Beispiel der, zwischen rechts und links zu unterscheiden. Des weiteren muß man sich fragen, ob die Koordination zwischen den beiden Händen durch die Ausprägung einer Leistungs- oder Bevorzugungshändigkeit gefördert oder behindert wird. Dies sind nur einige der nicht unbedeutenden offenen Fragen, bis hin zu der, die dem Psychologen oder Arzt häufig von besorgten Eltern gestellt wird, nämlich, ob das Fehlen einer Händigkeit abnormal sei und somit die normale Entwicklung des Kindes in Frage stelle.

Da gerade bei der Händigkeit des Menschen der Einfluß kultureller und individueller geistiger Prozesse sowie von Erziehung noch weitgehend ungeklärt ist, erschien die tierexperimentelle Untersuchung dieses Phänomens sinnvoll. Aber auch aus einem anderen Grund bot sich die Händigkeit als ein besonders geeigneter Gegenstand einer vergleichenden Forschung an, und zwar, weil die Spezialisierung einer Hand beziehungsweise einer Gehirnhälfte sich bei Tieren sowohl homolog zur menschlichen Händigkeit als auch unabhängig von ihr entwickelt haben könnte. Damit ergab sich die Hoffnung, mit der Untersuchung der Händigkeit beim Tier ein allgemeines, biologisches Modell einer Gehirnasymmetrie erarbeiten zu können, das eventuell auch zur Klärung einiger Fragen der menschlichen Händigkeit und letztlich der menschlichen Gehirnasymmetrie herangezogen werden könnte.

Probleme der vergleichenden Forschung

Die Entwicklung eines tierexperimentellen Paradigmas setzt die Lösung einer ganzen Reihe von Problemen voraus. Diese reichen von der Wahl eines geeigneten Versuchstieres und seiner artgerechten Haltung über die Ausarbeitung von besonderen Trainings- und Testmethoden, der Datenerfassung und Auswertung bis hin zu Entwicklung, Bau und Erprobung verschiedener Apparaturen.

Nehmen wir als Beispiel die Wahl des Versuchstieres. Eine Wahl, die einerseits aus ethischen und ökonomischen Gründen von vornherein auf eine Tierart beschränkt ist, die in der zoologischen Systematik möglichst niedrig eingeordnet ist, andererseits aber noch die Untersuchung der Händigkeit mit Bezug zu einer Gehirnasymmetrie ermöglicht. Aus tierexperimentellen, neurowissenschaftlichen Untersuchungen und aufgrund klinischer Beobachtungen wissen wir, daß die Fingerbewegungen jeder Hand jeweils nur von der gegenüberliegenden Gehirnhälfte gesteuert werden, während die Arm- und Beinmotorik von beiden Hemisphären kontrolliert werden kann. Zum Beispiel sind nach einem einseitigen Schlaganfall Bewegungen der Finger einer Hand dauerhaft beeinträchtigt oder gar unmöglich, während sich in den meisten Fällen auf der gleichen Seite die Funktionen von Arm und Bein wieder erholen. Um also neben der Handbevorzugung auch Leistungen der beiden Hände untersuchen zu können, die Rückschlüsse auf die Fähigkeiten jeweils nur einer der beiden Gehirnhälften zulassen würden, mußten die Versuchstiere Aufgaben lernen können, die vorwiegend oder gar ausschließlich mit den Fingern einer Hand ausgeübt werden. Nur Primaten sind in der Lage, solche Aufgaben auszuführen. Unter diesen wiederum sind die Altweltaffen und insbesondere die Makaken mit ausreichender Fingerfertigkeit ausgestattet. Da wir außerdem einen Versuchsaufbau gewählt hatten, in dem die Tiere möglichst selbständig arbeiten sollten, brauchten wir Versuchstiere, die auch in Gefangenschaft aktiv und motiviert bleiben. Alle diese Eigenschaften findet man bei Rhesusaffen, über die außerdem viel biomedizinisches Grundwissen vorliegt und die – auch solche scheinbar nebensächlichen Aspekte spielen eine Rolle, vor allem, wenn man auf engem Raum mit anderen Forschergruppen zusammenlebt – keinen Eigengeruch haben (im Gegensatz zum Beispiel zu den sehr viel zahmeren Schweineschwanzmakaken).

Ein anderes Problem ergab sich bei der Messung der Leistung. Zum einen muß bei der Erfassung der maximal möglichen Leistung unter Verwendung von Aufgaben, die ständig schwieriger werden, mit einer massiven Beeinträchtigung der Motivation des Versuchstieres gerechnet werden, da mit zunehmender Schwierigkeit auch weniger Erfolge und damit auch weniger Belohnungen erzielt werden. Zum anderen gibt es keine direkte Möglichkeit zu beurteilen, welche Leistung höher bewertet werden soll, die beständig gute oder die seltene, vielleicht sogar einmalige, herausragende Leistung (ein Problem, das ja auch beim Sport häufig auftritt).

Neben den gewissermaßen technischen Problemen, die mit einigem Aufwand befriedigend zu lösen sind, ergeben sich also auch andere, fundamentale meßtheoretische Schwierigkeiten, wie die beschriebene Interaktion von Motivation und Leistung oder die Unterscheidung von Leistungskapazität und demonstrierter Leistung, Probleme also, die auch in der psychologischen Diagnostik allgegenwärtig sind und zu deren Lösung umfassende Grundlagenforschung betrieben werden muß. Hier wie auch bei den eigentlichen, auf die Zerebrale Asymmetrie abzielenden Untersuchungen ergibt sich bereits eine notwendige Interaktion zwischen der tierexperimentellen und der allgemeinen psychologischen oder neuropsychologischen Grundlagenforschung. Jedes dieser Probleme ist umfassend genug, um seinerseits Thema einer eigenen Vorlesung zu sein.

Vorläufige Ergebnisse zur Händigkeit von Rhesusaffen

Insgesamt zeigen die bisher vorliegenden Ergebnisse, daß bei der Beurteilung der Händigkeit einzelner Tiere wie auch bei der generellen Einschätzung der Händigkeit von Rhesusaffen Vorsicht geboten ist. Innerhalb der einzelnen Tests kam es bei allen Tieren zur Ausprägung einer Bevorzugung einer Hand, solange durch Einschränkung der Bewegungsmöglichkeit keine gleichmäßige Benutzung erzwungen wurde. Die Bevorzugung trat um so schneller auf und war um so deutlicher und stabiler, je mehr sensomotorischer Aufwand und zerebral-kortikale Kontrolle bei den Bewegungsabläufen in einer Aufgabe verlangt wurden. Wenn in eine lange Röhre tief hineingegriffen werden mußte, um Futter herauszuholen, zeigten sich zum Beispiel stärkere Bevorzugungen, als wenn das Futter einer kurzen Röhre entnommen werden konnte. Noch stärker ausgeprägte Bevorzugungen wurden beim Erlangen von Futter, das an einem hin- und herschwingenden Faden befestigt war, beobachtet. Bei besonders schwierigen Aufgaben, die entweder sehr viel Kraft verlangten, also zum Beispiel, wenn an einem mit zunehmend schwereren Gewichten behängten Hebel gezogen werden mußte, oder aber bei Aufgaben, die sehr viel Geschick voraussetzten, zum Beispiel bei einer Fingerkraftregelungsaufgabe, bei der zwischen Daumen und Finger einer Hand eine ganz bestimmte Kraft erzeugt und über längere Zeit gehalten werden mußte, benutzten die Tiere während der mehrmonatigen Tests nur eine Hand. Allerdings ergab sich weder über alle Versuchstiere hinweg noch bei allen Tieren über die verschiedenen Aufgaben hinweg eine Konsistenz in der Bevorzugung einer bestimmten Hand. Wir fanden also ungefähr genauso viele Tiere, die die rechte Hand bevorzugten, wie Tiere, die häufiger die linke Hand wählten. Ob die rechte oder linke Hand bevorzugt wurde, schien von zufälligen oder zumindest von vorerst unbekannten Faktoren abhängig zu sein.

In einigen Experimenten war es auch möglich, die Handwahl durch äußere Bedingungen, zum Beispiel durch die räumliche Anordnung der Objekte, die manipuliert werden mußten, zu beeinflussen. So wurden Zugknöpfe, die vertikal angeordnet waren und jeweils nur durch ein enges zentrales Loch in einer durchsichtigen Wand erreicht werden konnten, häufiger mit nur einer bestimmten Hand bedient, als wenn die gleichen Knöpfe horizontal angeordnet waren. Interessant ist auch, daß sich hier Unterschiede zwischen den Tieren im Grad der Beeinflußbarkeit zeigten, die die Existenz von »Händigkeitstypen« vermuten lassen – also zum Beispiel von Tieren, die sehr leicht und sofort die Hand wechseln, solchen, die nur allmählich unter situativem Zwang wechseln, bis hin zu Tieren, die unter allen Umständen immer nur mit einer Hand arbeiten.

Fehlende Lernübertragung zwischen den Gehirnhälften als mögliche Erklärung der Entstehung einer Zerebralen Asymmetrie

Von besonderem Interesse sind die Ergebnisse der Experimente, in denen einige Tiere unter erzwungener abwechselnder Benutzung der beiden Hände konsistente Leistungsunterschiede zeigten. Es handelt sich dabei um die schon erwähnte feinmotorische Fingerkraftregulationsaufgabe. Die Abbildung 13 zeigt, wie ein Affe bei dieser Aufgabe mit Daumen und zweitem Finger in einem beweglich aufgehängten Zylinder zwei Metallplättchen zusammendrückt. Ein Wechsel in der Höhe eines Tones signalisiert dem Tier, wenn es die erforderliche, genau definierte Kraft erreicht hat. Hält das Tier diese Kraft für die Dauer von anderthalb Sekunden, dann bekommt es eine Belohnung.

Unter den verschiedenen Aufgaben, die wir in unseren Experimenten benutzen, erscheint uns die Fingerkraftregulation am ehesten zu gewährleisten, daß die senso-motorische Kontrolle jeweils nur von einer Gehirnhälfte aus erfolgt. Diese Annahme wird auch dadurch bestätigt, daß das Lernen dieser Aufgabe auf eine Hand, das heißt auf eine Hemisphäre, beschränkt bleibt. So mußten Tiere, die, wie oben bereits erwähnt, bei dieser Aufgabe über Monate hinweg nur mit einer Hand gearbeitet hatten, mit der anderen Hand neu trainiert werden. Tiere wiederum, die gezwungen wurden, jeden Tag mit einer anderen Hand zu arbeiten, brauchten mit jeder Hand mindestens ebenso viele Versuche, um eine bestimmte Leistung zu erreichen, wie Tiere, die jeweils nur mit einer Hand arbeiteten. In anderen Worten: Jede Hand beziehungsweise jede Hemisphäre schien nur für sich zu lernen. Bei diesen Tieren handelt es sich wohlgemerkt um normale Affen, obwohl sie sich so verhalten, als ob bei ihnen eine »Split-brain-Operation« durchgeführt worden wäre.

Aus diesen Ergebnissen lassen sich eine Reihe von vorläufigen Schlüssen ziehen. Der wichtigste wäre, daß die Entwicklung einer feinmotorischen Fertigkeit bei normalen Affen in jeder Hand unabhängig und ohne sichtbare Lernübertragung zwischen den Händen erfolgen kann. Damit wäre eine mögliche Erklärung der Händigkeitsentwicklung gegeben. Das Lernen von senso-motorischen Fähigkeiten durch eine Hand könnte auf eine Gehirnhälfte beschränkt bleiben, solange nur die Funktionen dieser Hemisphäre gefordert sind. Solche einseitigen Lernprozesse wiederum

Abbildung 13 In einem in jede Richtung drehbar aufgehängten, waagerechten Zylinder ist ein Schlitz angebracht, in den das Versuchstier mit jeweils nur zwei Fingern einer Hand hineingreifen kann, um zwei Metallplättchen zusammenzudrücken. Die bewegliche Aufhängung soll gewährleisten, daß die gemessene Kraft nur mit den Fingern und nicht mit dem Arm erzeugt werden kann. Die Aufgabe des Tieres besteht darin, eine ganz bestimmte Kraft zu produzieren und diese für einige Zeit zu halten. Bleibt die aufgewendete Kraft innerhalb der vom Versuchsleiter vorgegebenen Grenzen, so wird dies durch ein akustisches Signal angezeigt.

könnten zu dauerhaften Asymmetrien führen. Während der Entwicklung und Reifung des Gehirns, die bis in die Pubertät reichen, besonders jedoch in den ersten Lebensjahren, könnte der Austausch von Erfahrungen durch die noch unreifen Nervenfaserverbindungen zwischen den beiden Gehirnhälften behindert werden. Soweit dies wirklich der Fall sein sollte, haben wir damit allerdings nur eine Erklärung für die Entstehung der Asymmetrie überhaupt. Noch ungeklärt wäre nach wie vor, weshalb beim Menschen ganz bestimmte Muster der Asymmetrie vorherrschen, also zum Beispiel die Rechtshänder in allen Kulturen in der Überzahl sind, während alle bisherigen Untersuchungen bei Tieren eine gleiche Anzahl von Rechts- und Linkshändern fanden. Eine vorläufige Erklärung hierfür könnte sich durch bisher unbekannte Selektionsfaktoren, die für andere Primaten nicht relevant zu sein brauchen, konstruieren lassen. In anderen Worten: Für einen Affen könnte es durchaus einen Vorteil bieten, händig, aber nicht notwendigerweise rechtshändig zu sein.

Bevorzugungs- versus Leistungshändigkeit

Aber noch etwas anderes fällt bei einer vergleichenden Betrachtung der Händigkeit auf. Und das ist die zumindest augenscheinliche, extreme Ausprägung der Händigkeit der meisten Menschen. Eine Ausprägung, wie sie im übrigen noch für keine andere der funktionalen Gehirnasymmetrien, mit Ausnahme der expressiven Sprache, gefunden wurde. Allerdings scheint diese extreme Ausprägung nur für die Bevorzugungshändigkeit zu gelten, während die Leistungshändigkeit doch eher normal (also nach einer glokkenförmigen Häufigkeitsfunktion) verteilt zu sein scheint (Annett, 1972). Freilich ist der Mittelwert dieser Verteilung zur Rechtshändigkeit hin verschoben (siehe Abbildung 14).

Als Erklärung für die Rechtslastigkeit der Verteilung spielen Erziehungsfaktoren wahrscheinlich nur eine untergeordnete

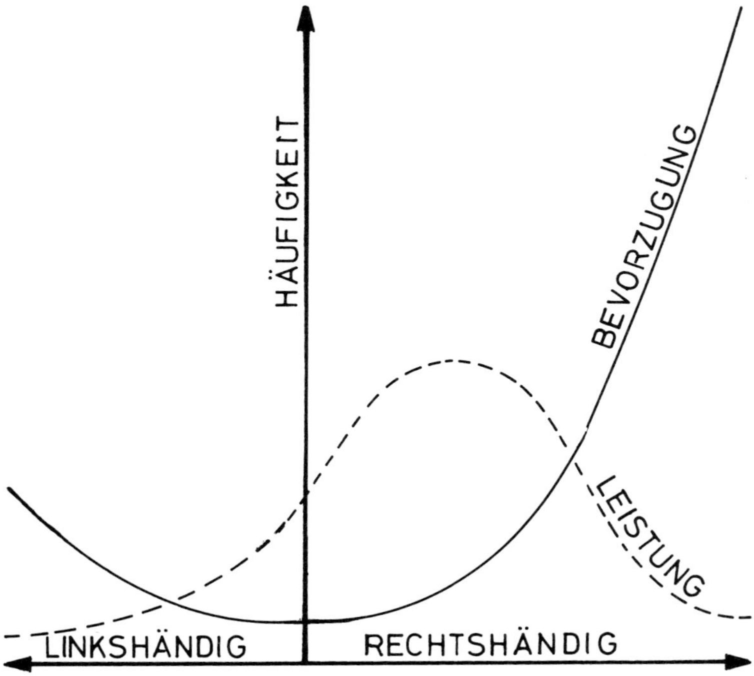

Abbildung 14 Schematischer Vergleich der Häufigkeitsverteilungen von Bevorzugungs- und Leistungshändigkeit. Während die Bevorzugungshändigkeit eine extreme Überzahl von Rechtshändern gegenüber Ambidextern und Linkshändern zeigt, scheint die Verteilung der Leistungshändigkeit eher normal zu sein, aber mit einer Verschiebung des Mittelwertes zur rechten Seite hin. Es werden also auch die meisten Menschen bessere Leistungen mit der rechten Hand erbringen, aber nur wenige in bezug auf das Leistungsverhältnis der beiden Hände zueinander so eindeutig als Links- oder Rechtshänder zu bezeichnen sein, wie dies bei der Bevorzugungshändigkeit der Fall ist.

Rolle. Wichtiger erscheint mir ein anderer Faktor. Wie schon erwähnt, zeigen Rhesusaffen sowohl Leistungs- als auch Bevorzugungshändigkeit, aber – und dies ist wichtig – beide Formen der Händigkeit sind offensichtlich unabhängig voneinander. Die im Test nachweisbare bessere Leistung einer Hand führt nicht unbedingt zu ihrer Bevorzugung. Etwas salopp ausgedrückt könnte man sagen, daß die Affen, soweit sie Händigkeit besitzen, dies offensichtlich nicht wissen. Beim Gewichtheben oder bei der Fingerkraftregulationsaufgabe wird trotz der Leistungsunterschiede mehr oder wenig zufällig eine Hand gewählt und während des gesamten Experiments nie ein Handwechsel auch nur versucht, obwohl zum Beispiel bei zunehmender Schwierigkeit der Aufgaben immer weniger Erfolge mit dieser Hand erzielt werden.

Wir Menschen dagegen haben wahrscheinlich schon früh gelernt, eine Hand als die bessere, leistungsfähigere und sicherere zu erwarten. Wie sich bei Handbevorzugungstests zeigt, entscheiden wir uns für eine bestimmte Hand unabhängig von den eigentlichen senso-motorischen Anforderungen einer Aufgabe. Bei uns schwierig oder gar gefährlich erscheinenden Aufgaben fällen wir die Entscheidung zugunsten einer Hand, ohne wirklich erprobt zu haben, ob wir wirklich mit dieser Hand die bessere Leistung erbringen können. Tatsächlich gibt es einige Hinweise darauf, daß bei ungeübten, ungewohnten Tätigkeiten, zum Beispiel bei der Imitation von vorgegebenen Fingerstellungen, selbst Personen, die sich als eindeutige Rechtshänder bezeichnen, manchmal bessere Leistungen mit der linken Hand erbringen (Kimura & Vanderwolf, 1970).

Was also beim Menschen gewöhnlich als Händigkeit gemessen wird, reflektiert eher die Auswirkungen der gelernten Erwartung einer Leistungsasymmetrie als die Leistungsasymmetrie selbst. Das folgende Schema (Abbildung 15) verdeutlicht die hypothetischen Beziehungen zwischen Gehirnasymmetrie, Erfahrung und Bevorzugungs- sowie Leistungshändigkeit.

Die dünnen Pfeile zeigen schwache oder nur zeitweilige, vor allem während der Kindheit aktive Beziehungen und Interaktionen auf. Die dicken Pfeile stehen für dominante, persistierende Beziehungen. Ich vermute, daß ursprünglich eine Beziehung zwischen Händigkeit und Gehirnasymmetrie bestand, die vielleicht sogar einen ursächlichen Faktor in der Entwicklung der Händigkeit darstellte. Mit zunehmender Entwicklung der Motorik und des

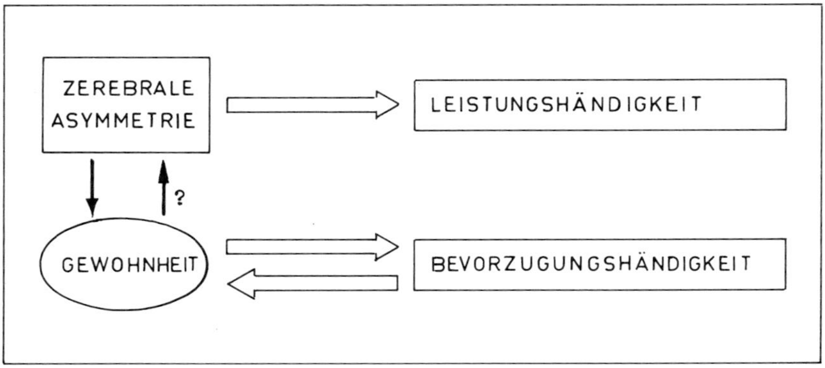

Abbildung 15 Hypothetischer Zusammenhang zwischen Händigkeit und Zerebraler Asymmetrie, der sich in einer direkten Beziehung (dicke Pfeile) zwischen Zerebraler Asymmetrie und Leistungshändigkeit ausdrückt und indirekt als Korrelation zwischen Leistungs- und Bevorzugungshändigkeit feststellbar ist.

Handgebrauchs und mit zunehmender geistiger Reife jedoch wird durch Erfahrung und Erwartung die Wahl einer Hand immer weniger direkt durch die Zerebrale Asymmetrie motorischer Fähigkeiten bedingt. Damit korreliert die Bevorzugungshändigkeit zwar in hohem Maße noch mit der Zerebralen Asymmetrie und auch mit der Leistungshändigkeit, aber lediglich die letzteren stehen in direkterer, kausaler Beziehung zueinander.

Vergleichende Forschung: Gegenseitige Befruchtung von tier- und humanexperimenteller Forschung

Aus unseren Tierexperimenten ergeben sich Hinweise dafür, daß die Befunde zur Händigkeit im Hinblick auf Leistungs- und Bevorzugungshändigkeit überprüft werden müssen, also auch gezielte Untersuchungen zur Leistungshändigkeit und zur Lernübertragung (zwischen den Händen beziehungsweise den Gehirnhälften) beim Menschen durchgeführt werden sollten.

Des weiteren sei an die bei den Affen beobachteten individuellen Händigkeitsausprägungen erinnert. Noch steht eine Bestätigung dieses ersten Befundes aus. Trotzdem ergibt sich aus diesen Ergebnissen die Anregung, auch bei der Untersuchung der menschlichen Händigkeit sowie der Lateralität allgemein stärker als bisher auf individuelle Unterschiede zu achten.
Zusammenfassend kann man sagen, daß die bisherigen Ergebnisse unserer gerade begonnenen vergleichenden Untersuchung zur Gehirnasymmetrie bei Affen zwar noch keine definitiven Antworten geliefert haben, aber doch die Möglichkeit eines Modells der Händigkeitsentwicklung in Aussicht stellen und eine Vielzahl von Anregungen zur kritischeren Betrachtung der Händigkeit allgemein gebracht haben. Damit sind wir, so glaube ich, auf dem richtigen Weg, durch vergleichende Forschung die Entwicklung sowie die vielfachen Einflußgrößen der Lateralität besser verstehen zu lernen. Dies glaube ich, obwohl wir damit im Widerspruch zu den meisten Arbeitsgruppen stehen, die sich bei der vergleichenden Untersuchung zu morphologischen und funktionellen Asymmetrien ausschließlich am Maßstab der menschlichen Lateralität orientieren.[7]
Untersuchungen aus anderen Laboratorien zur Händigkeit von nicht-menschlichen Primaten zum Beispiel betonen besonders das Fehlen menschlicher Charakteristika. Obwohl nicht offen ausgesprochen, liegt dabei doch die Annahme zugrunde, daß es eine wirkliche Gehirnasymmetrie nur beim Menschen gibt, quasi als Erklärung seiner herausragenden geistigen und sprachlichen Fähigkeiten. Beim Tier sucht man also nur nach möglichen, menschenähnlichen Vorstufen dieser Asymmetrie. Diese »Scala naturae«-Ansicht, die im Menschen als Krönung der Schöpfung die Vollendung aller Entwicklungsprozesse verkörpert sieht, unterschlägt natürlich die Tatsache, daß alle Tiere, mit denen wir heute vergleichende Forschung betreiben, ihre eigene, Jahrmillionen überspannende Entwicklung hinter sich haben. Das zwingt meiner Ansicht nach dazu, auch die laterale Asymmetrie als eine

allgemeine Möglichkeit der Spezialisierung zu betrachten, die bei verschiedenen Tierarten aufgrund verschiedenartiger Selektionszwänge zu unterschiedlichen Formen der Gehirnasymmetrie geführt haben könnte. Diese Möglichkeit wird durch unsere bisherigen Ergebnisse bestätigt.

Die Gehirnasymmetrie sollte als ein Produkt der Evolution betrachtet werden, bei jeder Tierart mit Blick auf die für sie möglichen evolutionären Vorteile. Daraus ergibt sich auch, was ich zum Ende meiner Beschreibung der Befunde der humanneuropsychologischen Forschung ansprach, nämlich, daß die hemisphärische Spezialisierung als multidimensional angesehen werden muß. Das bedeutet zum Beispiel, daß die spezialisierten Funktionen nicht notwendigerweise in Gegensatzpaaren entwikkelt sein müssen, von denen jeweils der eine Teil des Gegensatzes der linken und der andere der rechten Gehirnhälfte zugeordnet ist. Das gleiche gilt auch für die Spezialisierung von Funktionsweisen oder Arbeitsstrategien. Wie auch in der psychologischen Kognitionsforschung, wo nicht nur jeweils zwei entgegengesetzte Denk- und Problemlösungsprinzipien untersucht werden, muß auch die Neuropsychologie sich von zu einfachen Kategorisierungen frei machen. Darüber hinaus sollte über dem Versuch, vereinfachende, zusammenfassende Gesetzmäßigkeiten zu beschreiben, nicht vergessen werden, daß auch die Gehirnasymmetrie in vielen verschiedenen Ausprägungsformen und Ausprägungsgraden existieren kann. Gerade diese mögliche Vielfalt der morphologischen wie funktionellen Asymmetrien ist vielleicht die Erklärung für die extremsten Unterschiede in den Fähigkeiten und den Verhaltensweisen der Menschen.

»Im Allgemeinen sind es die grossen Hirnhemisphären, welche die grösste, wenn man will centrale, Bedeutung für das Seelenleben verrathen, . . .; aber sie sind doppelt. Sitzt nun die Seele in der linken oder der rechten Hemisphäre?« Diese Frage stellte Gustav Theodor Fechner, einer der Begründer der experimentellen Psychologie, vor über 120 Jahren (Fechner, 1860, S. 395, 396). Um diesem Problem der Zweiteilung aus dem Wege zu gehen, hatte man bisher vor allem nach einer unpaarigen Struktur im Gehirn als dem Sitz der Seele gesucht. Leonardo da Vinci zum Beispiel folgte der bis zur Renaissance vorherrschenden Meinung, der »Sensus communis« sei in einer zentralen Zelle lokalisiert (Abbildung 16). Selbst als er durch einen Wachsausguß der Ventrikel eines Tiergehirns eine veränderte, den natürlichen Gegebenheiten entsprechende Vorstellung von den Hohlräumen des Gehirns gewonnen hatte, plazierte er die nach dem heutigen Sprachgebrauch als Bewußtsein zu bezeichnende Fakultät in den zentralen Hohlraum (entsprechend dem 3. Ventrikel, Abbildung 16). Andere sahen den Sitz der Seele in der Zirbeldrüse, im Corpus callosum oder einem zentralen Bereich des Mittelhirns.
Auf der Basis der Literatur über pathologische Veränderungen des Gehirns kam Fechner zu dem Schluß, »dass es keinen Theil im Gehirne gebe, dessen Abnormalität nicht zuweilen eine Störung der Seelenthätigkeit zur Folge gehabt hätte, aber eben so auch keinen, bei dessen Abnormalität die Seelenthätigkeit nicht ungestört geblieben wäre« (Fechner, 1860, S. 399), und folglich gäbe es auch keinen zentralen, eng umgrenzten Sitz der Seele.
Außerdem schien Fechner sehr stark durch Experimente beeindruckt worden zu sein, in denen gezeigt worden war, daß nach der Durchtrennung eines Wurms aus beiden Hälften lebensfähige Organismen entstehen. In einer ausführlichen, im wahrsten Sinne

des Wortes »vergleichenden« Diskussion vertrat er den Standpunkt, daß im weiteren Sinne der gesamte Körper und im engeren das Nervensystem als Sitz der Seele in Frage komme. Und er folgerte weiter: »Könnten beide Hälften eines in der Längstmittellinie getheilten Menschen überhaupt noch fortleben, . . ., so würden wir unstreitig eben so gut die Verdopplung einer Menschen- als Thierseele durch die Trennung der sich seitlich entsprechenden und vertretenden Hälften erzielen können, . . . Es wäre jedoch müssig, viel darüber nachzudenken, wie sich die beiden Hälften eines getheilten Menschen beim Fortleben verhalten würden, da der Fall nicht zu verwirklichen ist. Unstreitig würden sie mit gleichem Gemüthszustande, gleichen Anlagen, Kenntnissen, Erinnerungen, gleichem Bewusstsein überhaupt beginnen, nach Massgabe aber, als sie in verschiedene Verhältnisse kämen, sich verschieden entwickeln« (Fechner, 1860, S. 536, 537).
Durch die Ergebnisse der Tests mit den »Split-brain-Patienten«, in denen hundert Jahre später die Bedingungen des Gedankenexperiments von Fechner zumindest zum Teil ihre Erfüllung fanden, werden seine Vermutungen weitgehend bestätigt. Die beiden voneinander getrennten Hemisphären besitzen Bewußtsein, wenn auch nicht in dem Ausmaß von Gleichheit, wie sie Fechner, ohne von der Zerebralen Asymmetrie zu wissen, forderte. Es wurde ja bereits erwähnt, daß man aufgrund der unterschiedlichen Leistungen beider Hemisphären bei verschiedenartigen Aufgaben rechts- und linkshemisphärische Fähigkeiten und Funktionsweisen unterscheidet. Ob man darüber hinaus von einem unterschiedlichen Bewußtsein der linken und rechten Gehirnhälfte sprechen kann, läßt sich anhand der bisher vorliegenden Ergebnisse noch nicht entscheiden. Im allgemeinen überwiegt der Eindruck eines unveränderten, einheitlichen Bewußtseins der »Split-brain-Patienten«. Nur wenn man mit den schon beschriebenen Techniken jede Hemisphäre getrennt testet, stellt man fest, daß jede Gehirnhälfte für sich Wahrnehmungen und Kognitionen besitzt, zu denen jeweils die andere keinen direkten Zugang hat.

A

B

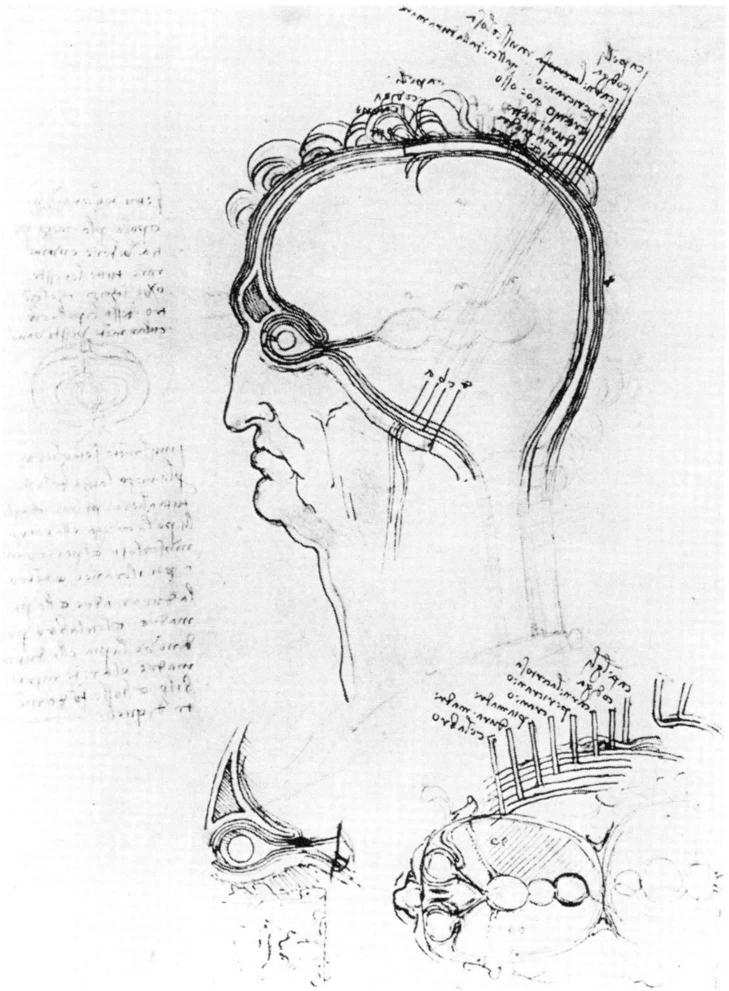

C

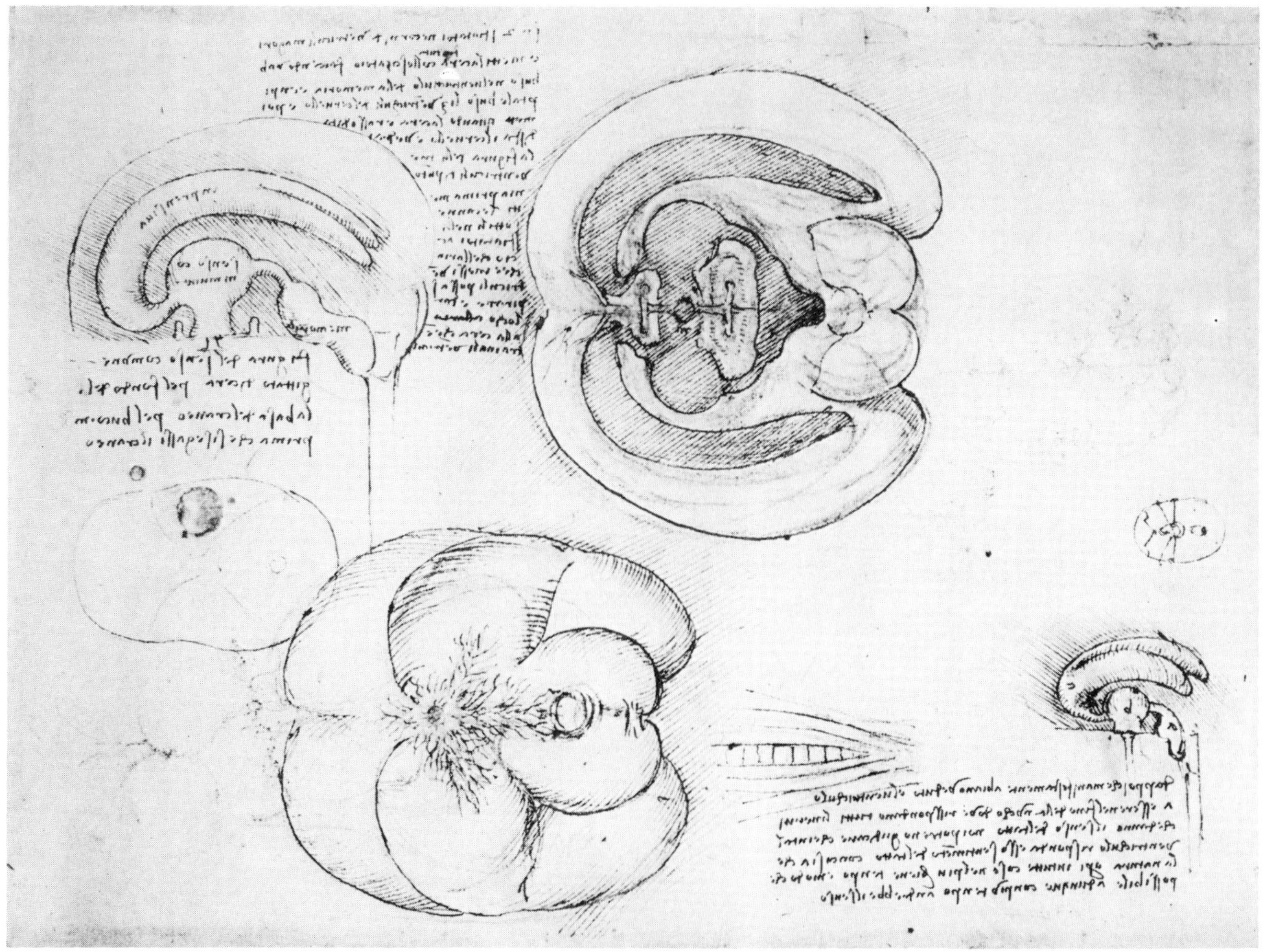

Abbildung 16 Darstellungen der Hohlräume des Gehirns (Ventrikel) durch Leonardo da Vinci. A) und B) Vermutlich um 1490 zeichnete Leonardo die Ventrikel entsprechend der mittelalterlichen Zellen-Theorie offensichtlich ohne Bezug zur Wirklichkeit. Nach dieser Theorie werden Vernunft, Gedächtnis, Phantasie, Vorstellung und ähnliche Fakultäten in jeweils drei bis fünf hohlraumartigen Zellen des Kopfes lokalisiert.

C) Etwa 15 Jahre später, nach Sektionen und Wachsausgüssen von Rinderhirnen, gibt Leonardo eine wirklichkeitsnahe Darstellung der Ventrikel, versucht aber die Fakultäten der Zellen-Theorie auf die verbesserte Darstellung der Hohlräume zu übertragen. Zu diesem Zweck scheint er sich auch nochmals die ursprüngliche Darstellung in Erinnerung gerufen zu haben (siehe Skizze am rechten Rand des Bildteils C).
D) Phantomdarstellung der Ventrikel in den Umrissen des menschlichen Gehirns. (Abbildungen A, B und C aus Clark, 1969, 12 602, 12 603 und 19 127)

D

Fechner war der Überzeugung, daß es in der Auseinandersetzung mit der Psychophysik der Seele keine metaphysischen Schwierigkeiten gebe, außer denen, die man sich selbst mache. Ich bitte also um Verständnis dafür, wenn ich im Folgenden keinen Versuch unternehme, eine vollständige Diskussion des Problems einer Definition von Bewußtsein zu liefern.

Bewußtsein, Wachheit, Aufmerksamkeit

Wenn Bewußtsein im Sinne von Wachheit mit der Zerebralen Asymmetrie zusammenhängt, so müßte sich dies am deutlichsten bei den »Split-brain-Patienten« zeigen. Aber bisher gibt es keine Hinweise auf eine Beeinflussung des Aktivierungszustandes der Patienten durch die Operation. Dieser Befund wird auch durch Tierexperimente gestützt, in denen die elektrische Aktivität (Elektroenzephalogramm, abgekürzt EEG) der beiden Gehirnhälften nach chirurgischer Teilung des Gehirns verglichen wurde. Selbst eine Teilung bis in den oberen Bereich des Hirnstammes führt nicht zu einer Desynchronisierung der elektrischen Aktivität der beiden Hälften (Berlucchi, 1966). Eine länger andauernde Asymmetrie bestimmter im EEG nachweisbarer Schlafphasen wurde erst nach einer noch tiefer reichenden Teilung des Hirnstammes erreicht. Die gleiche Asymmetrie trat auch bei Tieren mit geteiltem Hirnstamm, aber intakten Verbindungen zwischen den Großhirnhälften, auf. Und in beiden Fällen waren während der meisten Zeit parallele Anzeichen von Schlaf oder Wachheit im EEG beider Hemisphären sichtbar (Michel, 1972). Das deutet darauf hin, daß diese Form von Bewußtsein durch Hirnstamm-Mechanismen gesteuert wird und deshalb von einer »Split-brain-Operation« unberührt bleibt. Daß also im normalen Gehirn eine Asymmetrie im Grad der Wachheit beider Hemisphären existiert, ist wenig wahrscheinlich.

Anders sieht es aus, wenn wir den Grad der Aufmerksamkeit

anhand der von beiden Hemisphären gesteuerten Verhaltensreaktionen messen. Dann scheint es, als ob jeweils eine Hemisphäre dominiert. Am deutlichsten zeigt sich dies wiederum bei den »Split-brain-Patienten«. Hier kann man im Experiment den Wechsel in der Dominanz von einer zur anderen Hemisphäre ziemlich sicher vorhersagen und auch beeinflussen, selbst wenn beide Gehirnhälften die gleiche Information bekommen und mit beiden Händen reagiert werden kann. Durch eine bestimmte Aufgabenstellung kann man aufgrund der unterschiedlichen Verarbeitungsstrategien der beiden Hemisphären jeweils die eine oder die andere bei der Ausführung begünstigen. Wie bei der Beschreibung der »Split-brain-Experimente« bereits angedeutet wurde, läßt sich zum Beispiel durch eine Detailaufgabe die Dominanz der linken Hemisphäre und durch eine Aufgabe, bei der räumliche Ganzheiten erfaßt werden müssen, die Dominanz der rechten Hemisphäre provozieren.

In sozialen, interaktiven Situationen scheint im allgemeinen die linke, sprachlich fähigere Hemisphäre zu dominieren. Dies macht sich unter anderem störend bemerkbar, wenn man die Funktionen der rechten Hemisphäre testen möchte. Wird zum Beispiel visuelle Information nur in die linke Gesichtsfeldhälfte projiziert oder soll der Patient nur mit der linken Hand einen Weg durch ein aus Draht gefertigtes Labyrinth ertasten, dann beschwert er sich zumeist darüber, daß er nichts sieht oder nichts fühlen kann. Tatsächlich hat die sprechende linke Hemisphäre ja auch nichts gesehen oder gefühlt. Erst wenn die linke Hemisphäre abgelenkt wird, indem dem Patienten ein Schiebepuzzle in die rechte Hand gegeben wird, und es gelingt, ihn schweigen zu lassen, scheint die rechte Hemisphäre zum Zuge kommen zu können, wie man an entsprechend besseren Leistungen unter diesen Bedingungen ablesen kann.

Es ist noch unklar, ob diese Asymmetrie der Aufmerksamkeit sich nur auf den beobachtbaren Verhaltensausdruck beschränkt, also nur deshalb zustande kommt, weil beiden Hemisphären nur ein

einheitliches, ausführendes System, die Sprechmotorik oder die motorische Kontrolle der Extremitäten, zur Verfügung steht, oder ob auch die kognitiven Prozesse betroffen sind. Wir wissen also nicht, ob diese Prozesse in beiden Hemisphären tatsächlich gleichzeitig ablaufen, ob sie zuerst in einer Hemisphäre abgeschlossen sein müssen, bevor in der anderen eine Verarbeitung begonnen werden kann, oder ob in Form eines »Timesharing«, also nicht direkt, aber fast gleichzeitig, in schnellem Wechsel zwischen den Gehirnhälften verschiedenste Prozesse abgearbeitet werden.
Auch im Tierversuch konnte dazu bisher noch keine Antwort gefunden werden. »Split-brain-Tieren« können durch einen technischen Trick gleichzeitig in beide Gehirnhälften unterschiedliche Informationen dargeboten werden, und sie können dabei mit jeder Hemisphäre andere, ja sogar entgegengesetzte Dinge lernen (Trevarthen, 1962). Wenn man das Gelernte überprüft, reagieren die Tiere mit beiden Händen abwechselnd, wobei jede Hemisphäre zum Zuge kommt. Das Wechseln von Hand zu Hand, also von Hemisphäre zu Hemisphäre, scheint zufällig zu erfolgen. Aber auch hier wissen wir nicht, ob die Tiere die entgegengesetzten Aufgaben wirklich gleichzeitig erlernen oder ob nicht auch schon während des Trainings die Aufmerksamkeit zwischen den Hemisphären wechselt.

Die Einheit des Bewußtseins

Bei den »Split-brain-Affen«, die zwei Aufgaben gleichzeitig lernten, zeigte sich übrigens weder eine Asymmetrie in der Verteilung von rechts- und linkshemisphärischen Reaktionen, also keine aufgabenspezifische oder allgemeine Dominanz einer Hemisphäre, noch konnten irgendwelche Anzeichen eines Konflikts zwischen den Hemisphären beobachtet werden. Bei den »Split-brain-Patienten« dagegen kann man unter bestimmten Bedingungen, wie oben angedeutet, einen gewissen Wettbewerb zwischen den

Hemisphären beobachten. In den meisten Fällen scheint dies aber dem Patienten nicht als Konflikt bewußt zu werden. Es kommt zwar vor, daß ein Patient bei Tests, in denen beiden Hemisphären gleichzeitig Aufgaben dargeboten werden, Unzufriedenheit oder sogar Ärger über seine Leistung ausdrückt. Im allgemeinen jedoch haben sie für tatsächliche oder nur vermeintliche Schwierigkeiten sehr schnell eine Erklärung bereit. Wenn zum Beispiel bei dem oben beschriebenen Chimärentest mit der linken Hand auf das Bild der Dame mit Brille gezeigt wird und kurz darauf mit der rechten auf das eines kleinen Mädchens, so wird das gewöhnlich damit erklärt, »daß man gerade nicht aufgepaßt« oder »eben zu schnell reagiert« habe, »ohne zu denken«, was vielleicht der Wahrheit näher kommt, als dem Patienten bewußt ist, während er (mit der linken Hemisphäre) spricht. Aber selbst wenn man gezielt fragt, ob ihm etwas aufgefallen sei, kann er an dem Test nichts Besonderes entdecken. Oder ein anderes Beispiel: Ein Würfelmuster nach Vorlage herzustellen fällt dem Patienten mit der linken Hand sehr viel leichter als mit der rechten (es war ja schon erwähnt worden, daß räumliche Aufgaben von der rechten Hemisphäre besser und schneller gelöst werden). Läßt man ihn nun mit beiden Händen arbeiten, so passiert es nicht selten, daß er mit der linken Hand die richtigen Würfel zusammenlegt und mit der rechten Hand das gerade Geschaffene wieder durcheinanderbringt. Auch hier hat man nicht das Gefühl, daß sich der Patient eines Konfliktes zwischen den Händen bewußt wäre, er scheint sich eher als mit der rechten Hand ungeschickter zu empfinden. Etwa so wie ein Rechtshänder, der, wenn er mit beiden Händen gleichzeitig schreiben soll, sich als ungeschickter mit der linken Hand empfindet, ohne daß er deshalb einen Konflikt zwischen den Händen verspürt.

Mir sind nur zwei Patienten bekannt, die sich darüber beklagen, daß die linke Hand etwas ohne oder sogar gegen ihren Willen tue und dies zu Konflikten führe. Beide Patienten sprechen auch von ihrer linken Hand wie von einem separaten, nicht zu ihnen gehörenden Körperteil oder Wesen. Dies erscheint mir jedoch kein typisches »Split-brain-Symptom« zu sein. Man findet es im übrigen auch bei anderen Formen von Hirnschädigung. Zum Beispiel bei Patienten mit schweren Verletzungen zumeist der rechten Gehirnhälfte, die abstreiten, daß ihre linke Körperhälfte zu ihnen gehört und die sich darüber beschweren, daß noch ein anderer bei ihnen im Bett liegt. Viel typischer für die »Split-brain-Patienten« ist trotz der nachweisbaren separaten kognitiven Prozesse in beiden Hemisphären, dem Verhalten nach zu urteilen, ein einheitliches, konfliktloses Bewußtsein.

Für diese Einheit des Bewußtseins gibt es viele Gründe. Zum einen bestehen gerade für viele Grundfunktionen, zum Beispiel für Gefühle oder Stimmungen, die zu der Selbstwahrnehmung des Patienten beitragen, Verbindungen zwischen den beiden Gehirnhälften unterhalb des zerebralen Kortex durch Zwischenhirn und Hirnstamm. Zum anderen sind die Erfahrungen beider Hemisphären im täglichen Leben identisch, wenn auch qualitative Unterschiede in der Wahrnehmung und weiteren Verarbeitung dieser Erfahrungen zwischen den beiden Hemisphären möglich sind.

Außerdem scheint es dort, wo potentielle Konflikte zwischen den Hemisphären auftreten könnten, psychologische Mechanismen der Konfliktvermeidung zu geben, wie sie auch für die Erklärung des normalen menschlichen Verhaltens vermutet werden. Viele der Reaktionen der Patienten lassen sich zum Beispiel mit der Theorie der »kognitiven Dissonanz« (Festinger, 1957) erklären. Aus dieser Theorie läßt sich ableiten, daß das menschliche Verhalten unter anderem durch das Bemühen bestimmt wird, keine allzu großen Dissonanzen in unseren Einschätzungen, Beurteilungen und Wahrnehmungen bestehen zu lassen. Derjenige, der zum Beispiel ein sehr teures Auto erstanden hat, erlebt vielleicht eine Dissonanz insofern, als die negativen Aspekte dieses Kaufs, der hohe Preis, die zukünftigen Belastungen und so weiter, die positive Bewertung des Besitzes dieses Autos übersteigen. Diese Dissonanz ließe sich nun abbauen, indem man den Preis und seine Konsequenzen zu mindern oder die Einschätzung des Wertes des Autos zu steigern versucht.[8]

Bewußtsein, Seele, Sprache, Emotion

Die Möglichkeit, daß auf einer bestimmten Ebene separate Ströme des Bewußtseins existieren und auf einer anderen eine Einheit des Bewußtseins, ist umstritten, wie bereits Fechner feststellen mußte. Auch heute noch wird von einigen Wissenschaftlern a priori eine Einheit des Bewußtseins postuliert. Dieser Auffassung liegt in den meisten Fällen eine weltanschauliche oder religiöse Überzeugung von einer seelischen Einheit zugrunde. Das führt sogar dazu, daß die Befunde der »Split-brain-Forschung« dahingehend interpretiert werden, daß nur eine Hemisphäre des Menschen, die dominante, sprechende, linke Gehirnhälfte, Bewußtsein besitze, während die rechte zwar für bestimmte Funktionen spezialisiert sei, aber stumm, eher einem Automaten oder dem tierischen Gehirn vergleichbar (Eccles, 1976).
Man kann davon ausgehen, daß sprachliche Prozesse ein wichtiger Bestandteil unseres Bewußtseins sind, das Sprechen selbst dagegen in diesem Maße sicherlich nicht. Im Sprechen unterscheiden sich beide Hemisphären sehr deutlich, was aber die sprachlichen Prozesse angeht, so ist noch unklar, ob nicht von beiden Gehirnhälften gleich wichtige sprachliche Funktionen ausgeübt werden. Bei »Split-brain-Patienten« konnte zum Beispiel nachgewiesen werden, daß die rechte Hemisphäre ein sehr umfassendes Verständnis der Sprache besitzt und auch über sehr komplexe Systeme für die symbolische Darstellung von Erfahrungen verfügt (Zaidel, 1973). Man kann also aus der relativen Unfähigkeit der rechten Hemisphäre, sich verbal zu äußern, nicht schließen, daß nicht auch in dieser Gehirnhälfte über Wahrnehmungen, Gedächtnisinhalte oder über das eigene Selbst reflektiert wird.
Einen wirklichen Beweis im wissenschaftlichen Sinne für die Exi-

stenz von Bewußtsein in der rechten Hemisphäre gibt es nicht. Ob man zum Beispiel die oben erwähnten, typisch menschlichen emotionalen Reaktionen auf bestimmte Wahrnehmungen der rechten Hemisphäre als Beweis anerkennt, ist letztlich eine Frage der Definition von Bewußtsein. Man kann dem emotionalen Verhalten eine große Bedeutung im Rahmen einer solchen Definition zuerkennen. Man kann Emotionen aber auch unterteilen in einfache, eher reflexartige Reaktionen und komplexere, durch geistige Prozesse ausgelöste Verhaltensweisen, und dann nur die letzteren als Hinweis auf ein Bewußtsein zulassen. Ähnlich sieht es mit Versuchen aus, vom Erkennen des eigenen Selbst auf ein Bewußtsein zu schließen.

Kann sich die rechte Hemisphäre selbst erkennen?

Einem Organismus, der sich selbst oder ausschließliche Attribute seiner selbst erkennt, kann man eine bestimmte Form des Bewußtseins schwerlich absprechen. Ich habe deshalb vor einigen Jahren versucht herauszufinden, ob die rechte Hemisphäre der »Splitbrain-Patienten« Bilder von sich selbst, von persönlichen Besitztümern oder selbstbeschreibenden Adjektiven erkennen kann (Preilowski, 1979; Preilowski, Gray & Sperry, 1972). Um das Erkennen ohne eine sprachliche Reaktion erfassen zu können, wurde ein psycho-physiologisches Maß der Erregung, die Veränderung der Hautleitfähigkeit, verwendet. In Versuchen mit gesunden Kindern und Erwachsenen hatte sich nämlich gezeigt, daß diese hautelektrische Reaktion, die auf fast jede Veränderung in unserer Umwelt eintritt, auf die meisten Reize sehr schnell habituiert. Das heißt, daß mit einer Wiederholung des Reizes die Reaktion schwächer wird und zuletzt überhaupt nicht mehr sichtbar ist. Wenn man zum Beispiel das Bild von Freunden und Verwandten oder, bei Erwachsenen, erotische Bilder oder Fotos von Operationsszenen zeigte, war nach mehrfacher Darbietung keine

Reaktion mehr meßbar. Auf das eigene Bild jedoch blieb die Reaktion gleich stark und nahm bei einigen Versuchspersonen sogar noch an Stärke zu.
Eine entsprechende Serie von Bildern wurde also den »Split-brain-Patienten« mit der zu Anfang beschriebenen Methode der lateralisierten tachistoskopischen Methode in die rechte und linke Gesichtsfeldhälfte projiziert, und dabei wurden alle Verhaltensäußerungen auf Videoband aufgezeichnet sowie die Hautleitfähigkeit und als Kontrollparameter die Atmung, die die hautelektrischen Veränderungen beeinflussen kann, gemessen. In einem weiteren Versuch, der einige Jahre später durchgeführt wurde, konnte eine Technik verwendet werden, bei der über ein optisches System Bilder direkt durch die Pupille in das Auge projiziert wurden (Zaidel, 1973). Die Lateralisierung der Information wurde dadurch erreicht, daß jeweils eine Hälfte der Pupillenöffnung abgedeckt war, also nur mit einer Retinahälfte gesehen werden konnte. Diese Technik hat den großen Vorteil, daß die visuelle Vorlage beliebig lange dargeboten werden kann und damit sichergestellt wird, daß der Patient wirklich in der Lage ist, alles zu erkennen. Zum anderen werden keine unterschiedlichen Reaktionen wegen plötzlicher Veränderungen in der Beleuchtungsintensität, wie sie bei der tachistoskopischen Projektion unvermeidlich sind, hervorgerufen. Der Nachteil der Technik besteht darin, daß ein Teil des optischen Systems auf einer am Auge des Patienten angesaugten Kontaktlinse befestigt ist und diese Linse nur etwa 30 Minuten getragen werden kann, ohne daß sie als unangenehm empfunden wird.
In beiden Tests zeigten die Patienten die größten und am wenigsten habituierenden Reaktionen auf das eigene Bild. Dabei waren im Durchschnitt die Reaktionen bei der Wahrnehmung mit der rechten Hemisphäre wesentlich stärker als mit der linken Hemisphäre, obwohl, mit Ausnahme eines Patienten, der bereits im Alter von 13 Jahren operiert worden war, keiner das der rechten Gehirnhälfte Dargebotene verbal identifizieren konnte. Die zur

Kontrolle einer allgemeinen emotionalen Reaktion oder eines Einflusses von größerer Vertrautheit verwendeten Bilder (erotische Bilder und Gesichter von Bekannten, Verwandten und Freunden) ergaben gleich starke Reaktionen für beide Hemisphären oder etwas stärkere Reaktionen bei der linkshemisphärischen Darbietung, die jeweils aber für beide Gehirnhälften gleich schnell habituierten.

Aus diesen Ergebnissen läßt sich schließen, daß sich die Patienten mit ihrer rechten Hemisphäre erkannt haben und daß somit auch dieser Gehirnhälfte eine Form von Bewußtsein gegeben ist, die sich, soweit der augenblickliche Stand der Forschung einen solchen Vergleich zuläßt, nicht von der der linken Hemisphäre unterscheidet.

Es sei an dieser Stelle nochmals darauf hingewiesen, daß ich bewußt von unterschiedlichen Formen des Bewußtseins spreche, die jeweils nur Teile dessen darstellen, was insgesamt unter diesem Begriff mit all den dabei auftretenden Assoziationen zu Seele und Menschlichkeit von jedem von uns auf vielleicht unterschiedliche Art und Weise verstanden werden mag. Im Sinne von Selbsterkennen besitzen Kleinkinder bis zum Alter von ungefähr zwei Jahren (Amsterdam, 1972) diese Form des Bewußtseins noch nicht. Das gleiche gilt übrigens auch für Tiere. Lediglich bei Schimpansen konnte gezeigt werden, daß eine Veränderung im Gesicht (ein Farbfleck auf der Stirn) im Spiegel bemerkt wird (Gallup, 1970) und daß sie, wie übrigens auch für andere Menschenaffen beschrieben wurde, den Spiegel benutzen können, um Körperteile zu inspizieren, die sie normalerweise nicht sehen können. Sie scheinen also eine bestimmte Vorstellung von ihrem normalen Aussehen zu haben und eine Beziehung zum Spiegelbild herstellen zu können, die Kleinkinder noch nicht erfassen.

Scheinbar verschiedene Formen des Bewußtseins

Fechners Vorstellung von Bewußtsein und Seele geht sehr viel weiter als das, was ich als interessante Vorwegnahme des »Split-brain-Phänomens« bisher zitiert habe. Er vertritt einen Panpsychismus und glaubt an die Einheit und räumliche wie zeitliche Kontinuität in einem kosmischen Bewußtsein. Dabei benutzt er die Modellvorstellung von unterschiedlichen Intensitäten, die man in Form von Wellen darstellen kann (Abbildung 17), und verschiedenen Schwellen, die dazu führen, daß in der größeren, panpsychischen Einheit physische wie psycho-physische Untereinheiten unterschiedlichster Größe wahrgenommen werden können. Ohne auf Fechners weltanschauliche Ansichten einzugehen, möchte ich hier nur das Schwellenmodell erläutern, weil es vielleicht hilft, die verschiedenen bisher gemachten Aussagen zum Bewußtsein und den Phänomenen der Zerebralen Asymmetrie miteinander in Beziehung zu setzen. Fechner schreibt: »Unsere Hauptwellen, an denen unser Hauptbewusstsein hängt, tragen Wellen, an denen unsere besonderen Bewusstseinsphänomene hängen« (1860, S. 541, 542). Und zur Erläuterung seiner Abbildung (hier Abbildung 17) heißt es: »Dass alle Oberwellen a, b, c . . . oberhalb derselben Hauptschwelle in einer Hauptwelle zusammenhängen, ordnet sie demselben Hauptbewusstsein ein und unter, dass sie aber zugleich discontinuierlich über ihrer eigenen Schwelle sind, lässt sie innerhalb dieses Hauptbewusstseins unterscheiden« (1860, S. 540).
In ähnlicher Weise können wir uns vorstellen, daß die verschiedenen Bewußtseinsformen in unterschiedlicher Intensität sowohl mit der Aktivität des gesamten Gehirns als auch der Aktivität bestimmter Bereiche, zum Beispiel des Kortex, zusammenhängen. Unterschiedliche Schwellen, die durch eine variable subjektive Bewußtseinsschwelle oder aber durch bestimmte experimentelle Bedingungen definiert werden, könnten dann jeweils eine Einheit oder Vielzahl von Bewußtseinszuständen widerspiegeln. Oder etwas moderner ausgedrückt könnte man die Gehirnvorgänge als

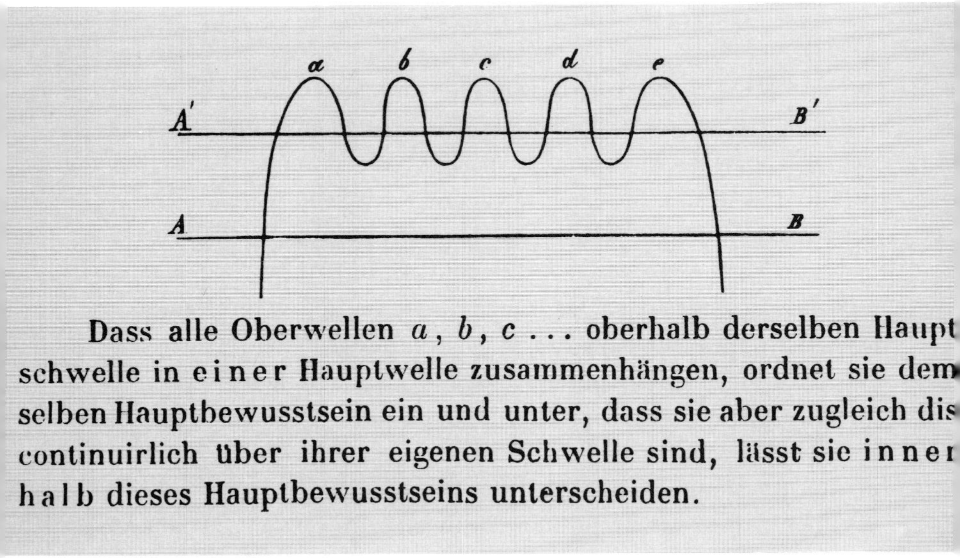

Dass alle Oberwellen *a*, *b*, *c* ... oberhalb derselben Haupt schwelle in einer Hauptwelle zusammenhängen, ordnet sie dem selben Hauptbewusstsein ein und unter, dass sie aber zugleich dis continuirlich über ihrer eigenen Schwelle sind, lässt sie inner halb dieses Hauptbewusstseins unterscheiden.

Abbildung 17 Schematische Darstellung der Kontinuitäts- und Diskontinuitäts-Verhältnisse des Bewußtseins nach Fechner (1860, S. 540).

komplexe Welle ansehen, die durch Überlagerung vielartiger Aktivierungszustände im Nervensystem zustande kommt. Sowohl die Ausdrucksmodalitäten wie Sprache und Motorik als auch die Selbstwahrnehmung sind mit Filtern versehen, deren Charakteristika variabel sind. Auch die Beobachtung zum Beispiel eines Patienten, insbesondere mit bestimmten Tests, entspricht einer weiteren Filterung des Verhaltensausdruckes.
Damit können sowohl in der Introspektion wie auch in der Beschreibung des Verhaltens durch andere die unterschiedlichsten Bewußtseinszustände wahrgenommen werden. Unser Selbstbewußtsein scheint jeweils ein Spektrum an Aktivität herauszugreifen, das uns die Empfindung einer Einheit beläßt. Es wäre denkbar, daß man unter bestimmten Umständen ein ganz anderes Spektrum wahrnimmt, das – und darauf möchte ich hier vor allem hinaus – als nächste Stufe nicht notwendigerweise zwei verschie-

dene Bewußtseinszustände ergibt, die jeweils der linken und rechten Hemisphäre zugeordnet werden könnten. Es könnten zum Beispiel mehr als zwei Zustände unterscheidbar werden, und es könnte sich jeweils um den Ausdruck besonderer Aktivität einer einzelnen Hemisphäre handeln. In anderen Worten: Wie für die übrigen Funktionen des Gehirns auch, so sind für das Bewußtsein weder eine absolute Einheit noch eine Dichotomie die einzigen Alternativen.

SCHLUSSBEMERKUNG

Obwohl hier nur einige wenige Aspekte der Zerebralen Asymmetrie und nur eine enge, subjektive Auswahl an vergleichenden Untersuchungen dargestellt wurde, so hoffe ich doch, daß ich einen kleinen Eindruck von der Faszination dieses Phänomens vermitteln konnte. Es gibt wohl kaum eine wissenschaftliche Entdeckung, die in so viele wissenschaftliche Fächer und in alle Bereiche der Psychologie so tief hineingewirkt hat wie die der Zerebralen Asymmetrie. Phänomene wie Intelligenz, Denken, Wahrnehmung, Bewußtsein können dabei ebenso unter einem neuen Blickwinkel untersucht werden wie individuelle Unterschiede, zum Beispiel zwischen Männern und Frauen, zwischen Angehörigen unterschiedlicher Berufsgruppen oder Menschen verschiedener kultureller Herkunft. Noch gleicht das augenblickliche Bild von der Zerebralen Asymmetrie einem sehr unvollständigen Zusammenlegespiel, einem multidimensionalen Puzzle, dessen bisher zusammengefügte Stücke zwar schon Teilbilder ergeben, die aber noch nicht erkennen lassen, wo sie sich im Gesamtkomplex wiederum einfügen.

Unter der Flut der in den letzten Jahren publizierten Ergebnisse gibt es sicher einige, die einer strikten wissenschaftlichen Überprüfung nicht standhalten werden. Und von den Schlußfolgerungen aus den bisherigen Ergebnissen gehen viele weit über die Tragkraft der gesicherten Daten hinaus. Dennoch sind die potentiellen praktischen Konsequenzen dieser Entdeckung, zum Beispiel für den gesamten Bereich der Erziehung und Ausbildung, unübersehbar. Es gibt bereits viele Hinweise auf die Einseitigkeit unserer Erziehung und auch Versuche, zu einer umfassenderen Förderung aller menschlichen Fähigkeiten zu gelangen (zum Beispiel Montessori- oder Waldorfschulpädagogik). Die Befunde zur Zerebralen Asymmetrie lassen sich rein intuitiv sehr gut zur

Unterstützung dieser Versuche heranziehen. Sie sind aber keine ausreichende Legitimation jedwelcher Kreativitätskurse, Therapien zur Emanzipation der unterdrückten rechten Hemisphäre oder Rezepte für Bewußtseinserweiterungen. Auch können wir aufgrund der vorliegenden Daten nicht über Wert oder Unwert von Ganzheitsmethoden des Lese- und Schreibunterrichts oder der neuen Mathematik entscheiden. Aber natürlich bietet sich bei diesen und ähnlichen Problemen der Vergleich mit den unterschiedlichen Fertigkeiten und Funktionsweisen der beiden Hemisphären an. Das gleiche gilt für viele alltägliche Erfahrungen und Beobachtungen. Zum Beispiel gibt es ein Bestreben der meisten Menschen, einen Ausgleich durch Sport oder kreative und musische Beschäftigungen zu den anderen, zum Beispiel schulischen, Aktivitäten, wie Lesen, Schreiben und Rechnen, oder bei Erwachsenen zu vergleichbaren beruflichen Tätigkeiten zu finden. Man könnte noch viele Beispiele anführen, die alle unserem Denken in den oben genannten Dichotomien entgegenkommen. Und das ist letztlich auch der Grund für das außerordentlich große allgemeine Interesse an der Zerebralen Asymmetrie. Sowohl die faktische Bestätigung eines Zusammenhanges der genannten Beobachtungen und Probleme mit der Zerebralen Asymmetrie, deren mögliche theoretische Hintergründe, wie auch die daraus ableitbaren Hypothesen, bedürfen jedoch noch der wissenschaftlichen Überprüfung. Wenn man auf der anderen Seite die Argumente betrachtet, die die augenblickliche bildungspolitische Diskussion bestimmen, dann kann man getrost auch die bisherigen Erkenntnisse der Zerebralen Asymmetrie zumindest dazu benutzen, sich mehr Gedanken in Richtung einer ganzheitlichen, anstatt der bisher vorwiegend praktizierten links- beziehungsweise »halb-hirnigen« Erziehung zu machen.

ANMERKUNGEN

1 Seitdem die klinische Neuropsychologie sich (vor allem in den angelsächsischen Ländern und in Frankreich) zu einer eigenständigen wissenschaftlichen Disziplin entwickelt hat, erscheint eine zunehmende Zahl von Textbüchern, in denen unter anderem auch die Befunde der klinischen Neuropsychologie zur Zerebralen Asymmetrie zusammengefaßt dargestellt werden (z. B. Hécaen & Albert, 1978).

2 Diese Methode geht übrigens auf Versuche zurück, in denen die Leitungsgeschwindigkeit im Zentralnervensystem gemessen werden sollte, indem man Vergleiche anstellte zwischen rechts- und linkshändigen Reaktionszeiten auf visuelle Signale, die in die rechte und linke Gesichtsfeldhälfte gegeben wurden (Poffenberger, 1912).

3 In dem ursprünglichen Experiment zur Informationsverarbeitung wurden die Reize nicht dichotisch, sondern binaural, das heißt gleichzeitig beiden Ohren über einen Lautsprecher dargeboten (Broadbent, 1952).

4 Einen aktuellen Überblick über die Befunde der experimentellen Psychologie zur Zerebralen Asymmetrie geben Bradshaw & Nettleton (1983).

5 Bis auf einige Querverbindungen durch die vordere Kommissur verlaufen die Nervenbahnen von den Riechorganen zu den Projektionsgebieten im Gehirn ungekreuzt. Nach einer »Split-brain-Operation«, die die Durchtrennung der vorderen Kommissur mit einschließt, wird das im rechten Nasenloch Gerochene nur von der rechten Gehirnhälfte wahrgenommen (vorausgesetzt, die Nasenscheidewand ist intakt).

6 Zusammenfassende Darstellungen der »Split-brain-Untersuchungen« finden sich unter anderem bei Sperry (1974, 1982) und Sperry & Preilowski (1972).

7 Eine ausführliche Diskussion zu diesem Thema findet sich bei Preilowski (1983).

8 Kreditinstitute leben von der ersteren der beiden Möglichkeiten. Die letztere, also den Wert des Autos zu steigern, könnte sich zum Beispiel darin äußern, daß zusätzliche Nutzungsmöglichkeiten des Fahrzeugs gesehen, also vielleicht Chauffeurdienste großzügig angeboten werden. Besonders häufig findet man auch eine selektive Wahrnehmung der besonderen Vorzüge des gekauften Fahrzeugs gegenüber den anderen billigeren Autos oder ein demonstratives Zurschaustellen des Besitzes mit entsprechendem Interesse an der Wahrnehmung bewundernder oder neidischer Beobachter. Auch wenn man nach einem ungeplanten Kauf eines Sonderangebots wie magisch von den anderen Läden angezogen wird und dabei immer nach den Preisschildern des gleichen Artikels schaut, obwohl man ihn ja bereits erstanden hat, zeigt sich hierin das Bedürfnis, »kognitive Dissonanzen« abzubauen.

LITERATUR

Amsterdam, B.: *Mirror self-image reactions befor age two.* Developmental psychobiology, 1972, 5, 297–305.

Annett, M.: *The distribution of manual asymmetry.* British journal of psychology, 1972, 63, 343–358.

Berlucchi, G.: *Electroencephalographic studies in »split-brain« cats.* Electroencephalography and clinical neurophysiology, 1966, 20, 348–356.

Bogen, J. E., Sperry, R. W., & Vogel, P. J.: *Commissural section and the propagation of seizures.* In: H. H. Jasper, A. A. Ward & A. Pope (Eds.), Basic mechanisms of the epilepsies. Boston: Little, Brown, 1969.

Bradshaw, J. L., & Nettleton, N. C.: *Human cerebral asymmetry.* Englewood Cliffs, N. J.: Prentice-Hall, 1983.

Broadbent, D. E.: *Listening to one of two synchronous messages.* Journal of experimental psychology, 1952, 44, 51–55.

Broca, P.: *Perte de la parole, ramollissement chronique et déstruction partielle du lobe antérieur gauche du cerveau.* Bulletins de la société d'anthropologie Paris, 1861, 2, 235–238.

Broca, P.: *Remarques sur le siège de la faculté du langage articulé, suivies d'une observation d'aphémie (perte de la parole).* Bulletins et mémoires de la société anatomique de Paris, 1861, 36, 330–357.

Broca, P.: *Nouvelle observation d'aphémie produite par une lésion de la moitié postérieure des deuxième et troisième circonvolutions frontales.* Bulletins et mémoires de la société anatomique de Paris, 1861, 36, 398–407.

Broca, P.: *Sur le siège de la faculté du langage articulé.* Bulletins de la société d'anthropologie Paris, 1865, 6, 377–393.

Clark, K.: *The drawings of Leonardo da Vinci in the collection of Her Majesty the Queen at Windsor Castle.* Three volumes. London: Phaidon, 1969.

Dax, M.: *Lésions de la moitié gauche de l'encéphale coïncidant avec l'oubli des signes de la pensée.* Gazette hebdomadaire de médecine et de chirurgie. Paris, 1865, 2, 259–262.

Eccles, J. C.: *Brain and free will.* In: G. G. Globus, G. Maxwell & I. Savodnik (Eds.), Consciousness and the brain. New York: Plenum Press, 1976.

Edwards, B.: *An experiment in perceptual skills in drawing.* Unpublished doctoral dissertation. University of California at Los Angeles, 1976.

Fechner, G. T.: *Elemente der Psychophysik.* Zweiter Theil. Leipzig: Breitkopf & Härtel, 1860 (Amsterdam: E. J. Bonset, 1964. Nachdruck).

Festinger, L.: *A theory of cognitive dissonance.* Stanford: Stanford University Press, 1957.

Gallup, G. G., Jr.: *Chimpanzees: Self-recognition.* Science, 1970, 167, 86–88.

Geschwind, N., & Levitsky, W.: *Human brain: Left-right asymmetries in temporal speech region.* Science, 1968, 461, 186–187.

Hécaen, H., & Albert, M. L.: *Human neuropsychology.* New York: John Wiley, 1978.

Heron, W.: *Perception as a function of retinal locus and attention.* American journal of psychology, 1957, 70, 38–48.

Hilliard, R. D.: *Hemispheric laterality effects on a facial recognition task in normal subjects.* Cortex, 1973, 9, 246–258.

Jung, R.: *Neuropsychologie und Neurophysiologie des Kontur- und Formsehens in Zeichnung und Malerei.* In: H. H. Wieck (Hg.), Psychopathologie musischer Gestaltung. Stuttgart: F. K. Schattauer Verlag, 1974.

Jung, R.: *Diskussionsbeitrag mit Dias.* In: K. J. Zülch, O. Creutzfeldt & G. C. Galbraith (Eds.), Cerebral localization. Berlin: Springer, 1975.

LeMay, M., & Geschwind, N.: *Hemispheric differences in the brains of great apes.* Brain, behavior and evolution, 1975, 11, 48–52.

LeMay, M., & Geschwind, N.: *Morphological cerebral asymmetries in primates.* In: B. Preilowski & H.-C. Engele (Eds.), Is there a cerebral hemispheric specialization in non-human primates? Tübingen: Universität Tübingen, 1981.

Levy, J., Trevarthen, C., & Sperry, R. W.: *Perception of bilateral chimeric figures following hemispheric deconnexion.* Brain, 1972, 95, 61–78.

Kimura, D.: *Cerebral dominance and the perception of verbal stimuli.* Canadian journal of psychology, 1961, 15, 166–171.

Kimura, D.: *Left-right differences in the perception of melodies.* Quarterly journal of experimental psychology, 1964, 16, 355–358.

Kimura, D.: *Spatial localization in left and right visual fields.* Canadian journal of psychology, 1969, 23, 445–458.

Kimura, D., & Vanderwolf, C. H.: *The relation between handpreference and the performance of individual finger movements by left and right hands.* Brain, 1970, 93, 769–774.

Michel, F.: *Sleep and waking in cats with various sagittal sections of the brain.* In: J. Cernaček & F. Podivinsky (Eds.), Cerebral interhemispheric relations. Bratislava: Publishing House of the Slovak Academy of Sciences, 1972.

Poffenberger, A. T.: *Reaction time to retinal stimulation with special references to the time lost in conduction through nerve centers.* Archives of psychology, 1912, 23, 1–73.

Poppelreuter, W.: *Die psychischen Schädigungen durch Kopfschuß im Kriege 1914–16: I. Die Störungen der niederen und höheren Sehleistungen durch Verletzungen des Okzipitalhirns.* Leipzig: Voss, 1917.

Preilowski, B.: *Possible contribution of the anterior forebrain commissures to bilateral motor coordination.* Neuropsychologia, 1972, 10, 267–277.

Preilowski, B.: *Bilateral motor coordination: Perceptual-motor performance of partial and complete »split-brain« patients.* In: K. J. Zülch, O. Creutzfeldt & G. C. Galbraith (Eds.), Cerebral localization. Berlin: Springer, 1975.

Preilowski, B.: *Phases of motor-skills acquisition: A neuropsychological approach.* Journal of human movement studies, 1977, 3, 169–181.

Preilowski, B.: *Consciousness after complete surgical section of the forebrain commissures in man.* In: I. Steele-Russell, M. W. van Hoff & G. Berlucchi (Eds.), Structure and function of cerebral commissures. London: The Macmillan Press, 1979.

Preilowski, B.: *Is there a cerebral hemispheric specialization in nonhuman primates?* In: P. K. Seth (Ed.), Perspectives in primate biology. New Delhi: T & T Printers and Publishers, 1983.

Preilowski, B., Gray, G. G., & Sperry, R. W.: *An attempt to test for selfrecognition in the right hemisphere of »split-brain« patients.* Biology annual report, 1972, 81.

Smith, A.: *Dominant and nondominant hemispherectomy.* In: W. L. Smith (Ed.), Drugs, development and cerebral functions. Springfield: Thomas, 1972.

Sperry, R. W.: *Lateral specialization in the surgically separated hemispheres.* In: F. Schmitt & F. Worden (Eds.), Neurosciences third study program. Cambridge: MIT Press, 1974.

Sperry, R. W.: *Some effects of disconnecting the cerebral hemispheres, Nobel lecture.* Science, 1982, 217, 1223–1226.

Sperry, R. W., & Preilowski, B.: *Die beiden Gehirne des Menschen.* Bild der Wissenschaft, 1972, 9, 920–927.

Trevarthen, C. B.: *Double visual learning in split-brain monkeys.* Science, 1962, 136, 258–259.

Zaidel, E.: *Linguistic competence and related functions in the right cerebral hemisphere of man following commissurotomy and hemispherectomy.* Unpublished doctoral dissertation. California Institute of Technology, 1973.

Professor Dr. Bruno PREILOWSKI, am 6. August 1943 in Kassel geboren, studierte ab 1964 an der Philipps-Universität in Marburg Psychologie, Soziologie, Zoologie und Physiologie. Nach der Diplom-Vorprüfung in Psychologie erhielt er ein Fulbright-Stipendium und die Zulassung zur Graduate School der Tulane University in New Orleans. Die Schwerpunkte des dortigen Studiums lagen in den Bereichen der Allgemeinen Experimentellen Psychologie, der Vergleichenden und Physiologischen Psychologie sowie der Primatologie.
1968 erhielt er dort den Master of Science in Experimenteller Psychologie und promovierte zwei Jahre später mit einer experimentellen Arbeit über das motorische Gedächtnis.
Nach dreimonatiger Dozententätigkeit an der University of California in Santa Barbara erhielt er ein Postdoktoranden-Stipendium am California Institute of Technology in Pasadena, wo er für zwei Jahre in der Abteilung für Psychobiologie von Professor Roger W. Sperry arbeitete.
Im Herbst 1972 kam er als Wissenschaftlicher Assistent an die Universität Konstanz, wo er im Bereich Allgemeine und Physiologische Psychologie bis 1979 tätig war. Er habilitierte sich im Frühjahr 1979 mit experimentellen Arbeiten zur interhemisphärischen Interaktion bei normalen Versuchspersonen und »Split-brain«-Patienten und erhielt die »Venia legendi« für das Fach Psychologie.
Im Herbst des gleichen Jahres trat er die Stelle eines Professors und Wissenschaftlichen Rates am Psychologischen Institut der Universität Tübingen an.
Er vertritt dort Teile der Physiologischen und Allgemeinen Psychologie in Forschung und Lehre und leitet die Außenstelle Weißenau des Psychologischen Instituts der Universität Tübingen in Ravensburg, wo auch das Labor für experimentelle und vergleichende neuropsychologische Forschung untergebracht ist.
Enge Kontakte mit der Universität Konstanz bestanden und bestehen weiterhin, nicht zuletzt dadurch, daß Professor Preilowski während dreier Semester den Konstanzer Lehrstuhl für Allgemeine Psychologie vertrat.

Der vorliegende Text ist die wesentlich erweiterte Fassung der öffentlichen Antrittsvorlesung, die der Verfasser am 17. Juli 1979 an der Universität Konstanz gehalten hat.

KONSTANZER UNIVERSITÄTSREDEN
HERAUSGEGEBEN VON GERHARD HESS

1. Gerhard Hess: Probleme der deutschen Hochschule und die Neugründungen
2. Waldemar Besson: Die großen Mächte
3. Hans Robert Jauß: Literaturgeschichte als Provokation der Literaturwissenschaft
4. Hans Aebli: Natur und Kultur in der Entwicklung des Menschen
5. Friedrich Kambartel: Was ist und soll Philosophie?
6. Ralf Dahrendorf: Die Soziologie und der Soziologe – zur Frage von Theorie und Praxis
7. Franz Georg Maier: Archäologie und Geschichte · Ausgrabungen in Alt-Paphos
8. Horst Sund: Evolution und Struktur der Proteine
9. Manfred Fuhrmann: Die Antike und ihre Vermittler · Bemerkungen zur gegenwärtigen Situation der klassischen Philologie
10. Peter Hemmerich: Anorganische Aspekte des Lebens
11. Wolfgang Pfleiderer: Organische Chemie – gestern, heute, morgen
12. Dirk Pette: Zellphysiologie des Stoffwechsels
13. Wolfgang Preisendanz: Über den Witz
14. Herbert Nesselhauf: Der Ursprung des Problems »Staat und Kirche«
15. Jurij Striedter: Dichtung und Geschichte bei Puškin
16. Gerhard Hess: Die Universität Konstanz – Reform als ständige Aufgabe
17. Arno Borst: Geschichte an mittelalterlichen Universitäten
18. Rolf-Richard Grauhan: Modelle politischer Verwaltungsführung
19. Frederic Vester: Planung, Forschung, Kommunikation im Team
20. John Francis Embling: Die neuen britischen Universitäten als Instrumente der Reform
21. Horst Rabe: Autorität – Elemente einer Begriffsgeschichte
22. Wolfgang Brezinka: Über Absicht und Erfolg der Erziehung · Probleme einer Theorie der erzieherischen Wirkung
23. Karl-Heinz Flechsig: Die technologische Wendung in der Didaktik
24. Detlef Kantowsky: Indien – am Vorabend der Revolution?
25. Fritz Scharpf: Demokratietheorie zwischen Utopie und Anpassung

26. Eberhardt Weiler: Immunitätsforschung und das Dogma der molekularen Biologie
27. Urs Egli: Probleme der Semantik · Bedeutung in der Sprachwissenschaft – Bedeutung der Sprachwissenschaft
28. Wolfgang Iser: Die Appellstruktur der Texte · Unbestimmtheit als Wirkungsbedingung literarischer Prosa
29. Ulrich Gaier: Form und Information – Funktionen sprachlicher Klangmittel
30. Hubert Schleichert: Logik und Denken
31. Josef Schrenk: Zum Größeninventar einer Theorie des Satzes
32. Jürgen Audretsch: Schwarze Löcher – das Schicksal schwerer Sterne
33. Peter Hartmann: Aufgaben und Perspektiven der Linguistik
34. Friedrich Sixtl: Die Gültigkeit von Prädiktoren bei nicht identifizierbaren Merkmalsträgern
35. Gerold Adam: Die Steuerung des Ionentransportes durch die Zellmembran
36. Hans Batzer: Über die Bedeutung synthetischer Makromoleküle
37. Wolrad Vogell: Struktur und Funktion der Zelle
38. Rudolf Klein: Quantenflüssigkeiten
39. Rudolf Cohen: Zum Begriff der Angst in der Differentiellen Psychologie
40. Kurt Badt: Das Spätwerk Cézannes
41. Friedrich Kübler: Juristenausbildung im Zielkonflikt
42. Ernst Florey: Aufgaben und Zukunft der Biologie
43. Peter Läuger: Die Photosynthese der grünen Pflanzen
44. Werner Bos: Zur Axiomatik des Arithmetischen Mittels
45. Heinz Dehnen: Über den Endzustand der Materie
46. Alexander Demandt: Geschichte als Argument · Drei Formen politischen Zukunftsdenkens im Altertum
47. David Daube: Gewaltloser Frauenwiderstand im Altertum
48. Reinhard Bendix: Der Glaube an die Wissenschaft
49. Hubert Markl: Aggression und Altruismus
50. Jürgen Mittelstraß: Das praktische Fundament der Wissenschaft und die Aufgabe der Philosophie
51. Bernhard Kadenbach: Die Biogenese der Mitochondrien
52. Dietrich Korn: Grenzen des Wissens – anhand von Beispielen aus der Physik

53. Gerhard Thielcke: Die Wirkung erlernter Signale auf die Artbildung
54. Max M. Tilzer: Stoff- und Energiebilanzen in Lebensgemeinschaften · Am Beispiel des Algenplanktons von Seen
55. Peter L. Schmidt: Politik und Dichtung in der Panegyrik Claudians
56. Johannes C. Jochims: Die magnetische Kernresonanz als Werkzeug des Stereochemikers
57. Fritz Stern: Um eine neue deutsche Vergangenheit
58. Hans Werner Hofer: Mechanismen der Stoffwechselregulation
59. Hans Robert Jauß: Kleine Apologie der ästhetischen Erfahrung · Mit kunstgeschichtlichen Bemerkungen von Max Imdahl
60. Gerhard Hess: Zukunft der Universität – Zukunft der Jugend
61. Erhard R. Wiehn: Ungleichheit unter Menschen als soziologisches Problem
62. Hein Kötz: Über den Stil höchstrichterlicher Entscheidungen
63. Friedrich Kübler: Kommunikation und Verantwortung
64. Bernd Rüthers: Tarifautonomie und gerichtliche Zwangsschlichtung
65. Peter Janich: Zweck und Methode der Physik aus philosophischer Sicht
66. Daniel Aebli: Kunst und Altertum · Ein Aspekt des Erkenntnisinteresses der Ästhetik
67. Paul Kellermann: Kritik des Bildungsgesamtplans · Über Struktur und Tendenzen der Expansion organisierter Bildung
68. Helmut Sauer: Entwicklungsbiologie · Experimente an Eiern und Pilzen
69. Peter Berthold: Endogene Jahresperiodik · Innere Jahreskalender als Grundlage der jahreszeitlichen Orientierung bei Tieren und Pflanzen
70. Armin-Dietmar Karpf: Struktur der Elementarteilchenmaterie
71. Josef Jäckle: Schallwellen in festen Körpern
72. Rudolf Fritsch: Zum Feuerbachschen Kreis
73. Götz Wienold: Über das Arbeiten an einer Theorie des Zweitsprachenerwerbs
74. Alfred Grosser: Was ist deutsche Außenpolitik?
75. Walther Rehwald: Physikalische Ähnlichkeitsgesetze
76. Peter Böger: Photosynthese und pflanzliche Produktivität
77. Hans Robert Jauß: Kurt Badts Apologie der Kunst;
    Max Imdahl: Wandel durch Nachahmung: Rembrandts Zeichnung nach Lastmans »Susanna im Bade« · Vorträge Kurt Badt zu Ehren

78. Wolfram Kutsch: Neuroethologie – auf der Suche nach den Grundlagen des Verhaltens
79. Klaus Heiner Kamps: Vollkommene Zahlen
80. Werner Rathmayer: Wirklichkeit und Interpretation von Bildern: Die Rolle von Auge und Gehirn beim Sehen
81. Ralf Dahrendorf: Die Staatsräson der Bundesrepublik Deutschland
82. Rolf Knippers: Biologisches zur Krebsentstehung
83. Ferdinand Hucho: Gedächtnismoleküle
84. Helmut Plattner: Biologische Ultrastrukturforschung: Wege, Ziele und Grenzen
85. Jürgen Brickmann: Chemie als nichtempirische Wissenschaft
86. Winfried Boos: Intelligente Bakterien; Chemotaxis als primitives Modell von Reizleitungssystemen
87. Dieter Lorenz: Wissenschaftsfreiheit zwischen Kirche und Staat
88. Klaus Volk: Wahrheit und materielles Recht im Strafprozeß
89. Jean Starobinski: Rousseaus Anklage der Gesellschaft
90. Iring Fetscher: Überlebensbedingungen der Menschheit – zur Dialektik des Fortschritts
91. Christoph Schwarze: Sprachschwierigkeiten, Sprachpflege, Sprachbewußtsein · Das Phänomen der »Chroniques de Langage«
92. Thomas Ellwein: Über politische Verantwortung
93. Albrecht Wellmer: Praktische Philosophie und Theorie der Gesellschaft · Zum Problem der normativen Grundlagen einer kritischen Sozialwissenschaft
94. Werner Lehfeldt: Perspektiven der »Vergleichenden Grammatik« der slavischen Sprachen
95. Bernd Effe: Die Genese einer literarischen Gattung: die Bukolik
96. Ulrich Hübner: Die methodische Entwicklung des internationalen Wirtschaftsrechts
97. Hans J. Schneider: Über das Schweigen der Philosophie zu den Lebensproblemen
98. Eckard Frehland: Über den Fortschritt in der Physik
99. Lothar Burchardt: Hitler und die Historische Größe
100. Wolfgang Dieterich: Superionenleiter – Bindeglied zwischen Festkörpern und Flüssigkeiten?
101. Wolfgang Schuller: Die Stadt als Tyrann – Athens Herrschaft über seine Bundesgenossen

102. Carsten-Thomas Ebenroth: Entwicklungstendenzen der juristischen Ausbildung – Herausforderungen an zukünftige Juristen
103. Jürgen Schlaeger: Grenzen der Moderne: Gertrude Steins Prosa
104. Peter Hunziker: Das Publikum als Marktpartner im »publizistischen Wettbewerb«
105. Dietrich Fürst: Verhaltenslenkende Instrumente in der Strukturpolitik
106. Wolfgang Kartte: Perspektiven einer zukünftigen Wettbewerbspolitik
107. Hans Rudolf Picard: Wie absurd ist das absurde Theater?
108. Carsten-Thomas Ebenroth: Konzernkollisionsrecht im Wandel außenwirtschaftlicher Ziele
109. Gerhard Pohl: Die Erweiterung unserer Sinne
110. Dieter Hoffmann: Spline-Interpolation · Die Kunst, in Wertetabellen zwischen den Zeilen zu lesen
111. Gerhard Walter: Eigentumserwerb in der Ehe
112. Hans-Wolfgang Strätz: Der Verlobungskuß und seine Folgen rechtsgeschichtlich besehen · Nebst drei Anhängen
113. Ursula Peters: Fürstenhof und höfische Dichtung · Der Hof Hermanns von Thüringen als literarisches Zentrum
114. Hubert Kolb: Autoimmunität: Das Immunsystem zerstört den eigenen Körper
115. Wolfram Wettling: Nichtlineare Optik
116. Roland Benz: Künstliche Lipidmembranen · Modelle für biologische Membranen?
117. Kurt Mendgen: Neue Wege im Pflanzenschutz
118. Hartmut Maurer: Die Gesetzgebungskompetenz für das Staatshaftungsrecht
119. Wilhelm Kempf: Zur Neuorientierung der Aggressionsforschung
120. Bernd Wunder: Die Rekrutierung der Beamtenschaft in Deutschland · Eine historische Betrachtung
121. Manfred Fuhrmann: Europa – zur Geschichte einer kulturellen und politischen Idee
122. Heinrich Mäding: Kommunale Entwicklungsplanung – durch wen? Für wen?
123. David Daube: Die Geburt der Detektivgeschichte aus dem Geiste der Rhetorik

124. Ernst Köhler: Die bürgerliche Demokratie in Deutschland · Historische Überlegungen zu ihrer Legitimationsbasis
125. Klaus Mainzer: Grundlagenprobleme in der Geschichte der exakten Wissenschaften
126. Jochen-Ulrich Peters: Poesie und Revolution · Majakovskijs Lyrik und Versepik als Paradigma der russisch-sowjetischen Avantgarde
127. K. Ludwig Pfeiffer: Wissenschaft als Sujet im modernen englischen Roman
128. Theodor Verweyen: Dichtung und Wahrheit · Zur reflexiven Kraft eines alten Arguments
129. Paul Ridder: Die Sprache des Schmerzes
130. Kay Hailbronner: Entwicklungstendenzen des Wirtschaftsvölkerrechts
131. Heinz-Dieter Weber: Über Christa Wolfs Schreibart
132. Senta Trömel-Plötz: Frauensprache in unserer Welt der Männer
133. Bruno Preilowski: Vergleichende Neuropsychologie: Untersuchungen zur Gehirnasymmetrie bei Menschen und Affen
134. Winfried Brohm: Entwicklungen im Raum- und Stadtplanungsrecht
135. Helmut G. Walther: Dreimal Geschichte · Zum Gebrauchswert der Geschichte im Mittelalter
136. Helmut Maurer: Schweizer und Schwaben · Ihre Begegnung und ihr Auseinanderleben im Spätmittelalter
137. Rolf Stürner: Aktuelle Perspektiven des juristischen Studiums in Konstanz
138. Wolfgang Rösler: Polis und Tragödie · Funktionsgeschichtliche Betrachtungen zu einer antiken Literaturgattung

Die Reihe Konstanzer Universitätsreden wird fortgesetzt